LA

PUISSANCE MARITIME

DE

L'ANGLETERRE

PAR P. C.

OFFICIER DE L'ARMÉE FRANÇAISE

Avec 18 Cartes

PARIS

BERGER-LEVRAULT ET Cie, LIBRAIRES-ÉDITEURS

5, RUE DES BEAUX-ARTS, 5

MÊME MAISON A NANCY

1887

LA

PUISSANCE MARITIME

DE L'ANGLETERRE

NANCY. — IMPRIMERIE BERGER-LEVRAULT ET Cie.

LA
PUISSANCE MARITIME

DE

L'ANGLETERRE

Par P. C.

OFFICIER DE L'ARMÉE FRANÇAISE

Avec 18 Cartes

PARIS

BERGER-LEVRAULT ET Cie, LIBRAIRES-ÉDITEURS

5, RUE DES BEAUX-ARTS, 5

MÊME MAISON A NANCY

1887

PRÉFACE

A la suite des désastres de la guerre de 1870-1871,
la lutte continentale, la guerre sur terre fut en
France notre seule préoccupation. Tous nos efforts
tendirent à organiser une armée nombreuse et puissante, consacrant à notre reconstitution territoriale
toutes nos ressources et notre énergie. La marine
se vit imposer de grands sacrifices pour développer
les forces dont on avait grand besoin contre un
ennemi qui ne pouvait pas nous attaquer sur mer.

Peu à peu le réveil de la politique coloniale s'est
fait en France ; le goût des entreprises lointaines
nous a amenés à songer davantage à notre marine
dont l'attention publique s'était depuis longtemps
détournée.

L'Italie, l'Allemagne, la Russie même se sont en-
gagées sur la pente où nous étions rentrés les premiers et ont appliqué à la création d'une flotte les
derniers progrès de la science.

Mais la reprise de notre extension coloniale est-
elle bien prudente ? Ce retour à la politique qui ca-
ractérisa si brillamment les débuts du règne de

Louis XIV ne semble-t-il pas un peu hâtif dans notre situation actuelle sur le continent et en présence de la puissance si formidablement établie sur mer par l'Angleterre ?

Il faut d'abord qu'un pays n'ait rien à craindre pour sa sécurité nationale avant de se lancer à prétendre à la domination des mers qui est la seule garantie de la conservation des colonies.

A l'abri de son île, l'Angleterre a pu depuis des siècles, grâce à la forte position qu'elle occupe sur le flanc occidental de l'Europe, consacrer ses forces à la conquête de lointaines contrées dont la possession lui est assurée par une flotte de guerre nombreuse et un bon système de colonisation. Ces deux éléments indispensables pour garder l'empire des mers lui permettent en tous temps de poursuivre l'accroissement de son domaine, de profiter de toutes les occasions de s'établir en un point choisi d'une côte ou de rendre définitive une occupation qui devait d'abord n'être que passagère.

L'Angleterre est fort peu connue en France; on a nié ou fort mal compris toute l'importance que lui donne sa puissance maritime. C'est cette ignorance qui a été cause de la perte de Napoléon Ier, si acharné contre un ennemi qu'il ne pouvait saisir nulle part.

Nous ne nous proposons pas d'autre but dans cet ouvrage que de chercher par une vue d'ensemble à faire ressortir les éléments de cette puissance.

L'exposé rapide des colonies anglaises n'est pas une étude géographique de ses nombreuses possessions, mais un aperçu des rapports de chacune d'entre elles avec la mère-patrie, de leur utilité et de l'appoint de forces qu'elles apportent à l'Angleterre pour compléter et lui assurer la DOMINATION MARITIME DU GLOBE.

PREMIÈRE PARTIE

CHAPITRE Iᵉʳ

DE LA PUISSANCE MARITIME DE L'ANGLETERRE

Considérations générales.
Puissance maritime et puissance continentale.

Dans cette étude de la puissance maritime de l'Angleterre, nous passerons d'abord rapidement en revue les
principes fondamentaux des guerres maritimes, les diverses formes que ces guerres peuvent revêtir et leur influence sur les luttes continentales.

Nous examinerons ensuite l'action des mers sur la
terre. Puis enfin nous entreprendrons l'étude de l'organisation de la puissance maritime anglaise. Nous verrons
ses efforts pour s'assurer l'empire des mers, et jusqu'à quel
point cette domination des océans peut peser sur les événements continentaux.

Guerre maritime, guerre continentale.

L'océan ne comporte qu'un seul maître. Successivement
nous voyons dans l'histoire moderne cet empire des mers

passer des mains des Espagnols, dans celles des Portugais, des Hollandais et des Français, puis enfin dans celles des Anglais. Mais toujours il ne fut la propriété que d'un seul peuple, que de la flotte la plus forte et la mieux exercée.

La mer est un chemin qui mène à tous les pays, qui s'insinue au cœur des États. C'est un moyen d'attaque commode, rapide comme la foudre qui tout en menaçant tout le monde, rend celui qui en est maître inviolable. Ses ressources ne dépendent ni des révolutions, ni de l'opinion publique. Son action est matérielle et toute physique[1].

Tandis que les armées de terre peuvent au besoin être formées en temps de guerre, comme les événements de 1870-1871 et de 1877-1878 nous l'ont montré, une armée de mer demande des années pour son organisation et exige une préparation de longue main.

Le matériel est difficile à tenir à hauteur, il demande des retouches continuelles et traverse souvent des époques de transformation radicale.

Une fois la flotte équipée, le courage, l'audace et l'intrépidité font tout. Le nombre est un grand facteur. La tactique maritime, auprès de celle de terre, est bien simplifiée. Le champ de bataille est uni, rien ne gêne la vue; les vaisseaux portent tout avec eux pour une période d'au moins 15 jours. Le terrain, les habitants, les impedimenta de toute nature : convois, hôpitaux, ne sont pas sur mer

---

1. Extrait de la *Politique des Français*, 1846 (Comte Jean d'Harcourt).

des éléments avec lesquels on ait à compter. Secret des marches, saisons, moral des troupes : rien de tout cela n'existe sur mer pour s'opposer à la direction et au commandement. Tout est concentré, les opérations de combat sont en général simples, tout obéit aux signaux.

« Le chef d'escadre vainqueur est le roi de la mer. » Il peut, selon son bon vouloir, porter la guerre où il veut. Les colonies ennemies lui sont ouvertes et bien souvent la paix est venue clore une lutte sur terre par suite du danger qui menaçait les colonies. Les forces maritimes ont une influence sur les événements continentaux bien plus prépondérante que nous ne le pensons communément en France. En 1678, le traité de Nimègue vint mettre honorablement fin à une guerre dont les conséquences nous avaient placés sur le continent dans une position fort critique.

Malgré cette situation défavorable, bien que Turenne fût mort et que Condé se fût retiré de l'armée, ces pertes étaient compensées par la mort de Ruyter et les désastres de la marine espagnole. Il nous était facile après les victoires de Messine, d'attaquer l'Espagne privée de sa marine dans les deux hémisphères, et nous l'obligions, pour parer à ce danger, à nous abandonner la Franche-Comté et des accroissements de territoire dans les Pays-Bas. En 1763, le traité de Paris fut dû en grande partie à nos désastres maritimes qui nous forcèrent à nous retirer de la guerre de Sept ans. La perte du Canada, la renonciation à l'empire qu'avaient créé les victoires de Dupleix aux Indes, les défaites de notre marine à Lagos (13 août 1759) et à Brest (20 novembre 1759) devaient « rompre tout équilibre entre la France et l'Angleterre » et nous obliger à signer un traité désastreux.

En 1801, au contraire, le mont-Thabor, Héliopolis, les Pyramides ne purent empêcher la capitulation du général de Menou, « elle était écrite depuis Aboukir. »

« Commander sur mer, c'est commander le monde », et cette prépondérance navale offre trop d'avantages pour qu'un grand peuple ne soit tenté de la posséder. La mer, en outre, est la voie de communication la plus sûre ; c'est la route d'invasion la plus rapide. Un récent exemple, celui de Crimée, fera mieux que des phrases ressortir l'avantage et le commandement de la mer sur les terres. Tout le succès de la campagne et la prise de Sébastopol furent dus à notre plus grande facilité de ravitaillement, comparée à ce que pouvaient les Russes, sans chemin de fer.

Sans doute, cette action n'est pas illimitée chez des nations civilisées et il faut faire de nombreuses restrictions à ses chances de succès en Europe ; mais il est encore tant de peuples barbares ou à demi civilisés, que l'on peut sans crainte de se tromper regarder les 3/4 du globe comme dominés par la mer.

Guerre maritime. — Une guerre maritime peut revêtir trois formes entre nations entretenant toutes deux une marine. La guerre peut être soit une lutte d'escadre à escadre, soit une guerre au commerce, soit un débarquement.

La première est, avant tout, une affaire de préparation de longue haleine et d'argent. La supériorité, dans une lutte d'escadres, sera toujours aux gros vaisseaux et au

nombre. La guerre de course, comme un débarquement,
permet d'éviter d'en venir complètement aux mains ;
mais il convient de se rappeler que ce n'est pas avec de
petits moyens que l'on obtient de grands résultats et que
ce n'est pas avec des croiseurs seuls que l'on dépossédera
l'Angleterre de l'empire des mers. Outre la difficulté
d'infliger des pertes sérieuses à un commerce dont les
vaisseaux sont répandus sur toutes les mers et, par suite,
difficiles à capturer en masse, la perte éprouvée ne serait
jamais assez grande pour forcer la Grande-Bretagne à
capituler. (Tiré du capitaine Gougeard, *De la Marine de
guerre*, 1884.)

En 1812, l'Angleterre traita, après une guerre de
cette sorte, avec les États-Unis ; mais la cessation des
hostilités fut plutôt due aux pertes éprouvées dans sa
longue lutte avec Napoléon I⁰ʳ qu'à l'épuisement de ses
ressources navales.

La guerre de Sécession nous fournit de curieux exemples du rôle que peuvent jouer de hardis marins. Les
corsaires des États du Sud, malgré la supériorité incon-
testée de la marine nordiste, infligèrent des dommages
sensibles au commerce du Nord. Ils s'emparèrent de plus
de 200 vaisseaux d'une valeur totale de 13 millions et
inspirèrent une telle frayeur qu'aucun négociant n'osait
se hasarder à confier des marchandises à la marine marchande des États du Nord.

Pour qui connaît l'Angleterre et sait combien ses intérêts commerciaux sont enchevêtrés dans ses intérêts
politiques, il voit de suite le péril et le danger que les
croiseurs peuvent faire courir aux vaisseaux marchands

anglais. Doués par la vapeur de grandes vitesses et assez légers pour ne pas la ralentir dans des proportions trop sensibles, ces croiseurs peuvent échapper à l'action des cuirassés et ne rien craindre de leurs poursuites. Mais ce n'est pas une quinzaine de millions perdus qui mettrait fin à la guerre.

Une guerre de débarquement offre tellement peu de chances de réussite en pays civilisé que nous n'étudierons pas le cas d'un débarquement en Angleterre, dans un pays surtout qui a la prépondérance maritime. Napoléon Ier comprenait si bien tout le danger d'une pareille expédition qu'il comptait sur quelques succès aux Antilles pour rendre son projet de débarquement exécutable.

Guillaume le Conquérant parvint, il est vrai, à débarquer heureusement à Hastings, mais sans comparer le peu de ressources qu'exigeaient les armées d'autrefois à celles d'aujourd'hui, son succès fut dû en grande partie à ce que l'Angleterre était en rébellion.

De nos jours, des préparatifs considérables de descente sont impossibles à tenir secrets, et un État peuplé et jouissant d'une bonne organisation militaire a trop de facilités et de moyens de défense pour avoir à redouter un tel danger. Un débarquement est « plutôt un épouvantail qu'un danger sérieux » (von der Goltz). Ce changement résulte de l'accroissement énorme des armées de terre; tandis que la force maxima d'un corps de débarquement est presque toujours la même qu'autrefois. Quelques divisions judicieusement placées sur les voies ferrées suffisent pour mettre à l'abri le pays menacé. (Blume, *De la Stratégie.*)

Il y a bien peu de cas où une semblable expédition puisse être entreprise avec chance de succès. « En 1870, si le Danemark avait pris parti pour la France, un débarquement dans ces conditions aurait pu produire quelques résultats. » Tel serait actuellement, dans l'hypothèse d'une lutte contre l'Angleterre, le cas d'une descente en Irlande. Mais de telles opérations ne sont que de puissantes diversions ; les grands coups doivent se porter où sont les forces de l'ennemi. C'est par la destruction de ses armées ou de ses flottes que l'on a raison de son adversaire et non par l'occupation de parties plus ou moins grandes de son territoire.

Grâce à la vapeur, la mer est devenue assurément un moyen de communications plus sûr et plus facile que la terre, et les flottes pourront à l'avenir jouer le rôle de bases d'opérations mobiles. (Brialmont.) Mais même maîtresse de la mer, une armée qui a ses navires pour base à un point d'appui précaire et dangereux, tant qu'elle n'est pas établie sur une ligne fortifiée, appuyée à un ou plusieurs ports vastes et commodes.

L'histoire fourmille d'exemples de descentes désastreuses. A l'époque de la guerre de Sept ans, à une époque où nous étions épuisés, où notre flotte était anéantie, les Anglais tentèrent en vain de détruire Rochefort (1757). Ils s'emparèrent bien de l'île d'Aix, mais jugèrent l'entreprise impossible. En 1758, s'ils parvinrent à surprendre la petite ville de Saint-Servan, ils ne purent s'emparer de Saint-Malo dont la prospérité excitait tant leur envie ; et cependant, à cette époque douloureuse de notre histoire, nos côtes, nos ports eux-mêmes étaient dégarnis et sans défense, et l'audace que leur inspiraient quelques succès ne connaissait plus de bornes.

L'échec qu'ils éprouvèrent le 4 septembre 1758 près de Saint-Malo, où le duc d'Aiguillon, gouverneur de Bretagne, avec la noblesse du pays et des bourgeois de Rennes les rejeta sur la mer en leur infligeant 4,000 hommes de perte, prouve assez le peu de succès de semblables entreprises. Au mois d'août 1809, débarqué avec 35,000 hommes, lord Chatam, malgré l'appui de 22 vaisseaux de ligne, 120 bâtiments de guerre, ne put qu'enlever Flessingue (16 août). Il se vit arrêter et décimer par 30,000 gardes nationaux levés à la hâte.

CHAPITRE II

DÉVELOPPEMENT DE LA PUISSANCE MARITIME
DE L'ANGLETERRE

Si l'empire des mers n'est qu'à un seul, il y a lieu de
reconnaître qu'il n'a jamais été possédé d'une manière
aussi absolue que par les Anglais au début de ce siècle.
Jadis, il existait trop d'inconnu pour qu'un peuple pût se
considérer comme le seul et unique maître de l'Océan
pendant seulement l'espace d'un siècle. Une découverte,
celle du cap de Bonne-Espérance, par exemple, suffisait
pour changer tout le système maritime. Le globe était trop
peu connu autrefois pour que celui qui en était le maître
n'eût pas à redouter de semblables retours de fortune.

Dès la fin du siècle dernier, un pareil danger n'est plus
à craindre. Cook, Bougainville et Lapeyrouse, de 1766 à
1788, viennent clore la liste glorieuse des explorateurs
des mers.

Ce fut la reine Élisabeth qui jeta, la première, la base
définitive de la puissance de la marine anglaise et qui, par
son alliance avec les Hollandais dans leur lutte avec
l'Espagne, les aida à enlever à cette nation l'empire des
mers. Elle supprima ainsi l'adversaire le plus sérieux par
la ruine de sa flotte. Cromwell acheva l'œuvre d'Élisabeth. Il établit solidement la prépondérance de la marine
anglaise, et le traité de 1654 qui mit fin à deux années de
lutte contre la Hollande, fut tout à l'honneur des amiraux

anglais et éleva l'Angleterre au premier rang des puissances maritimes.

Maîtresse des mers, la Grande-Bretagne put dès lors intervenir dans les événements continentaux et peser d'un grand poids dans les destinées de l'Europe. La guerre de Sept ans mit nos colonies et notre marine à sa merci. Le traité de Paris (1763) lui donna « un énorme accroissement continental et une prépondérance d'opinion accablante ». (Henri Martin.)

Ce fut dans ces circonstances que s'ouvrit la guerre de l'Indépendance des colonies anglaises du Nord-Amérique. L'Angleterre y subit plus d'un échec dans sa marine et son orgueil. Mais si la France humilia sa puissante rivale, elle commit la grande faute de se sacrifier à l'organisation de la puissance démesurée des États-Unis[1].

Malgré les dangers que coururent les Indes anglaises, elles n'en restèrent pas moins aux mains de l'Angleterre. Le Canada, contre ses sympathies, demeura colonie anglaise, et cette lutte d'où la Grande-Bretagne sortit vaincue ne nous rendit maîtres ni des Indes, ni du Canada. Quel autre point plus sensible que les Indes, où tant de chances de succès auraient dû nous attirer, existait-il pour atteindre l'Angleterre? Au lieu de cela, on s'acharna sur Gibraltar, on négligea d'appuyer le bailli de Suffren aux Indes et l'on dépensa tous ses efforts à faire les États-Unis si puissants qu'ils s'opposèrent à ce que nous réoccupions le Canada. « Les Indes restaient définitivement

---

1. Actuellement l'Amérique vit tellement en dehors du mouvement européen, qu'on ne peut plus considérer son influence comme faisant contrepoids à celle de l'Angleterre.

aux mains de l'Angleterre en compensation de l'Amérique perdue. »

Ce fut en vain que Napoléon chercha à abattre l'Angleterre; ce fut en vain qu'il réussit à lui enlever ses alliés et à réunir contre cette nation le continent entier. Seule, inattaquable dans son île pendant que toutes les autres nations courbaient la tête devant le vainqueur, la Grande-Bretagne restait en armes et se jouait de ses efforts.

A nulle autre époque de l'histoire, on ne retrouve ainsi l'Europe entière, c'est-à-dire le continent, coalisée et dominée par un génie, lutter contre une nation livrée à ses seules forces, mais maîtresse absolue de l'Océan. Abrités par le Pas-de-Calais, protégés par leurs 95 vaisseaux de ligne, leurs 200 frégates, les Anglais bravaient les menaces de l'Empereur. Ils tenaient en échec Brest et Cherbourg; d'Helgoland, ils forçaient le blocus et introduisaient leurs produits en Allemagne; maîtres de Malte, ils soutenaient en Sicile les Bourbons; en Sardaigne, ils appuyaient le roi de Piémont. Ils luttaient en Espagne avec Wellington contre les lieutenants de Napoléon et faisaient de la Péninsule entière un vaste champ de bataille. Aux colonies, ils allaient ruiner notre commerce et nos alliés.

C'est l'étude d'une telle lutte qui permet de saisir sous toutes ses faces, l'action de la mer sur les terres. On comprend alors la pression qu'elle exerce sur les États, son immixtion dans les luttes et les événements continentaux.

Quel aurait été le sort de l'expédition anglaise tentée en Espagne, en décembre 1808, sous le commandement du général John Moore, si la mer n'avait été là pour assurer sa retraite! Menacé au nord par le maréchal Soult, dont les troupes occupaient le royaume de Léon, au sud par l'Empereur qui débouchait à Madrid avec 40,000 hommes, le général anglais n'aurait pu se dégager de ce double danger sans l'appui et le refuge que lui offrit la flotte.

Si elle est bonne ligne de retraite, la mer se prête encore mieux au rôle de ligne de communications et de ravitaillement. En 1808, ni la prise de Madrid, ni la présence de l'Empereur en Espagne, ni le retrait des troupes britanniques de la Péninsule ne mit fin à la guerre, la mer était toujours là prêtant un appui aux Espagnols révoltés et les unissant à l'implacable ennemie de la France.

Jusqu'en 1820, rien ne vint atténuer cette puissance formidable de l'Angleterre et cette domination du globe par les mers. Elle n'eut qu'à se laisser aller en quelque sorte au courant; mais, depuis 1820, elle a à le remonter et il lui faut lutter pour se maintenir dans la position menaçante qu'elle occupe vis-à-vis de l'Europe et du monde entier.

Assurément, la Grande-Bretagne n'a pas l'intention d'abdiquer ou de reculer devant les difficultés; mais il faut le reconnaître, de forts appoints sont venus profondément modifier les chances de lutte de la mer sur le continent. L'invention des chemins de fer, celles des torpilles et des torpilleurs rendent plus que jamais un blocus maritime sévère impossible. On sait toutes les difficultés du débarquement d'un nombre de troupes un peu considérable.

Les cuirassés, malgré leur lourd revêtement, restent toujours dans une position d'infériorité vis-à-vis des progrès sans cesse croissants de l'artillerie et les torpilleurs tendent à devenir de terribles adversaires. L'action de l'Angleterre sur les États continentaux n'est donc plus, il faut le reconnaître, aussi forte qu'elle était il y a un siècle; elle ne pourrait « plus faire de nos côtes, comme de 1803 à 1814, le vestibule de ses ports », elle les étreindrait bien difficilement d'un blocus rigoureux...... Maintenant, grâce aux torpilles dormantes, aux torpilles mouillées, aux torpilles mobiles et à la torpille automobile lancée par des myriades d'invisibles torpilleurs, les chances sont passées du côté de la défense. Mais de là prétendre que l'action de la marine sur le continent est nulle, que la domination du globe par la mer est impossible, serait s'abuser étrangement : la mer sera toujours la porte ouverte chez toutes les nations civilisées pour permettre à celui qui sera le maître de l'Océan de s'immiscer dans les affaires continentales. L'oublier serait commettre une erreur aussi flagrante qu'en 1870, lorsque l'on croyait tant à l'infériorité de la Prusse. Les torpilleurs qui préoccupent si vivement l'opinion publique, sont loin d'avoir amené une révolution aussi complète dans l'art de la guerre maritime que l'on s'est plu un moment à le croire. Seule, l'épreuve d'une guerre peut nous montrer les justes résultats de leur emploi et toutes les théories « que l'on peut faire ne reposent que sur des suppositions, sur des indications et sur des raisonnements ou sur des expériences qu'on ne peut affirmer être concluantes ».

« Le rôle des torpilleurs autonomes ne peut être que celui de garde-côtes; la terreur de leur attaque ne s'exerce que sur des vaisseaux au mouillage; une action commune et combinée de nombreux torpilleurs ne peut que difficilement remplir son but et seulement par un temps à souhait. »

« Les océans aux vrais bâtiments, armés ou non de torpilles ajoutées à l'armement du canon; la côte, les détroits, les mers intérieures aux torpilleurs... » Ils sont devenus « le palladium de nos ports, de nos côtes, ce sont les rois de la mer territoriale », c'est beaucoup, « mais ne leur demandez pas davantage ». (*Revue des Deux-Mondes,* 16 juin, 16 juillet 1886. Contre-amiral du Pin de Saint-André.)

La vapeur, les chemins de fer, la civilisation matérielle des peuples barbares, comme la difficulté des blocus et l'invention des torpilles, gênent et restreignent l'action maritime; mais l'Angleterre, sans méconnaître ce courant contraire, saura se plier à ses exigences et entrer dans la voie des modifications utiles. Son action offensive est, il est vrai, limitée, diminuée en Europe; mais ces éléments nouveaux si favorables à la défense des côtes sont aussi pour elle un appoint de force pour la conservation assurée et la défense rendue plus facile de ses nombreuses colonies.

La crise que l'action maritime traverse en ce moment est assez semblable à celle que l'invention des canons rayés causa dans les méthodes de guerre continentale. Mais est-ce avec l'effet destructeur des torpilles, est-ce avec de si faibles moyens que l'on aura raison de l'Angleterre? Beaucoup recommandent dans une prochaine guerre maritime la prudence; ils conseillent de se ménager et d'éviter surtout de risquer sa marine. Ils veulent des affaires isolées : les uns, s'attaquer au commerce, épuiser l'Angleterre, la paralyser et la contraindre à demander grâce par une incessante destruction ; les autres veulent l'aborder par surprise, l'étouffer avec 100,000 hommes.

Son commerce n'a pas autant à redouter nos croiseurs que l'on veut bien le croire. Si nombreuses que puissent être nos prises, elles n'amèneront jamais l'Angleterre à composition. Sous Napoléon Ier, nous avions des Hamelin, des Surcouff, des Duperré dans les Indes, et, malgré leurs exploits, la Compagnie des Indes n'a jamais été aussi brillante. Tenter par de si faibles moyens d'abaisser l'Angleterre, serait lui abandonner la suprématie des mers. (Capitaine Gougeard.)

Le second moyen proposé : celui d'un débarquement, plaît davantage à notre tempérament et à notre patriotisme ; mais il est tout aussi impuissant qu'imprudent. Napoléon Ier sentait bien qu'un tel projet n'avait de chances de réussite que lié à de grands événements sur mer. Supposons ces événements favorables à l'invasion accomplis, il existe deux projets ou procédés de débarquement : réunir toute la flotte en un point et partir groupé de ce point, ou bien, partir échelonné des côtes françaises. Dans le premier cas, la concentration ne pourra guère rester secrète ; l'ennemi bloquera notre port et en sortant une rencontre sera inévitable. Il faudra donc livrer combat à une flotte que l'on reconnaît plus forte puisqu'on n'avait pas osé engager directement la lutte avec elle. Dans la seconde hypothèse, partir disséminé : quelle précision ne faut-il pas pour réussir ! Une difficulté matérielle d'ailleurs se présente insurmontable : c'est que peu de nos ports ont assez de profondeur pour permettre à des vaisseaux de ligne, d'un fort tirant d'eau, de venir s'y équiper. Mais passons, supposons la flotte partie. Que d'accidents en mer : mauvais temps, brouillard, n'aura-t-elle pas à redouter ? Tous les vaisseaux y pareront-ils de la même manière, par la même manœuvre ? Coupé aussitôt débarqué, aventuré en pays hostile, sans base d'opérations, dans une situation aussi critique, il suffirait à l'envahi d'opposer la force d'inertie pour ruiner et vaincre l'assaillant. Le débarquement a réussi. Londres même est pris : la lutte n'en continue pas moins, car Londres est loin de jouer en Angleterre le même rôle que Paris chez nous.

La puissance anglaise réside essentiellement dans sa marine, dans « ses bâtiments capables de sillonner indéfiniment la mer et d'y vivre » et seuls à même d'étendre son action « loin de ses propres côtes, sur les plaines immenses de l'Océan ». (Amiral Du Pin.) C'est là qu'il faut l'attaquer, la prendre corps à corps. Les gros vaisseaux, les escadres compactes, les batailles décisives doivent être notre préoccupation et il nous faut abandonner les projets de débarquement en Angleterre, d'une guerre de course et de torpilleurs pour amener le gouvernement britannique à merci.

La Grande-Bretagne d'ailleurs se trouve mieux en situation que n'importe quelle nation pour tirer tout profit des croiseurs. Ses dépôts de charbon disséminés sur toutes les mers, bien abrités, permettront de faire rendre le maximum d'effet utile aux vaisseaux de guerre à marche rapide ; car plus que jamais des refuges nombreux et bien placés sont nécessaires pour que les croiseurs puissent rendre de grands services. Qu'il leur survienne quelques avaries, qu'ils aient seulement de nombreuses prises à mettre à l'abri, des points de relâche, de refuge, de ravitaillement leur sont nécessaires !

« Est-il possible d'espérer qu'avec des torpilleurs et des vaisseaux légers on puisse réduire l'Angleterre? Le premier élément de succès réside en de nombreux points de ravitaillement jalonnés sur tout le globe. Comment laisser nos croiseurs exposés à toutes les chances de neutralités douteuses », sans charbon, sans lequel les flottes ne sont rien. Qui ne sait les tristes fins des frégates laissées à elles-mêmes à la fin des guerres du premier Empire? On ne peut guère actuellement prendre pour exemple le capitaine Semm's qui, pendant la guerre de Sécession, coulait ses prises pour ne pas alourdir et entraver sa marche ; de tels procédés ne sont plus de notre époque. (Tiré du capitaine Gougeard.)

L'emploi de corsaires et de croiseurs sera toujours inefficace pour atteindre le but final d'une guerre ; ce serait vouloir réduire son ennemi au moyen de corps de partisans. Une vingtaine de croiseurs heureux feront bien cent, deux cents prises ; mais sera-ce avec de si chétifs moyens qu'on obtiendra de grands résultats?

C'est aux Indes qu'il faut frapper l'Angleterre ; c'est en menaçant ses communications avec ses possessions orientales qu'on la touchera au vif. S'assurer la domination du bassin oriental de la Méditerranée, dominer en Grèce, occuper ou neutraliser la Syrie et l'Égypte, lui faire craindre une descente en Irlande : tels sont les procédés logiques d'attaque qui seuls donneront ou pourront donner des résultats?

Les difficultés presque insurmontables d'un débarquement en pays civilisé, celles d'un blocus limitent et gênent l'action des mers en Europe, bien qu'il existe cependant de nombreux points sensibles à une flotte. Mais si l'action de l'Angleterre est gênée et diminuée, si le rôle qu'elle a joué sous le premier Empire est à l'heure actuelle impossible, n'a-t-elle pas toujours la voie la plus sûre et la plus commode pour susciter des embarras à ses ennemis, agir puissamment sur les mécontentements et faire intervenir dans la lutte tous les éléments propices à ses intérêts.

Limitée, diminuée en Europe, l'action des mers s'est peut-être augmentée sur le reste du globe, surtout en Afrique où tous les essais de civilisation faits jusqu'à ce jour ont si peu réussi. Ces nouveaux intérêts créés sont des centres de forces à utiliser et tout entiers sous l'action de la puissance maritime. Seule entre toutes les nations européennes, l'Angleterre a des échiquiers maritimes formidablement constitués. Elle peut tirer tout le profit possible du peu de civilisation de l'Amérique du Sud et de l'Asie; car sur toutes les mers ses lignes de communications, ses bases d'opérations sont étudiées et préparées depuis longtemps. Quelles que soient les destinées que Dieu lui réserve, elle saura mieux que toute autre nation tirer tout le profit possible d'une puissance dont elle a jusqu'à ce jour si bien compris le rôle. Qu'elle sache conserver sa supériorité maritime, qu'elle ne se laisse pas énerver par son luxe, qu'elle persévère dans ses efforts, il sera bien difficile de la déposséder de cette puissance que lui donne la domination des mers[1].

1. L'amiral Simon's estime qu'une coalition maritime est bien plus difficile à organiser qu'une coalition continentale, et qu'il suffit à l'Angleterre d'une marine égale aux deux marines les plus fortes de l'Europe pour pouvoir déjouer tous les efforts de ses ennemis.

CHAPITRE III

GÉOGRAPHIE MARITIME

L'immense importance de la puissance maritime constatée, il s'ensuit la nécessité d'étudier la géographie maritime. Tout comme le continent, les mers ont leurs théâtres d'opérations, leurs échiquiers. Leur étude même est
plus simple, car les forces et les obstacles sont sur mer
d'une appréciation plus facile.

Parmi les classiques anglais contemporains qui mériteraient d'être mieux connus en France, il y a lieu de citer :

La *Géographie des océans*, par J. F. Williams ;

La *Géographie des lignes de côtes*, par N. Lawson ;

La *Géographie du système des rivières*, par le même.

Aperçu général des mers et de leur rôle.

La masse d'eau qui constitue les océans se partage en
mers ouvertes et en mers fermées : les mers ouvertes à la
disposition de celui qui a la force maritime ; les mers fermées permettent au peuple qui en est maître d'y créer en
paix une marine, d'y faire manœuvrer sa flotte et d'y
chercher un refuge en cas de revers. C'est dans une mer
fermée seule qu'une flotte battue peut trouver l'espace
pour se refaire, reprendre haleine, de manière à se reconstituer si elle est maîtresse de ses débouchés.

Nous ne parlerons pas des océans Arctique et Antarctique dont le rôle politique et commercial est à peu près nul.

L'*océan Atlantique,* du moins dans sa partie septentrionale, comprise entre le cercle polaire arctique et le tropique du Cancer, joue depuis fort longtemps dans l'histoire un grand rôle et c'est là que se trouve la base territoriale de la puissance anglaise. Par le Canada, les Antilles et les Bermudes, d'une part, par les Iles Britanniques, c'est-à-dire le grand foyer maritime de l'ouest[1], de l'autre, l'Angleterre domine complètement l'océan Atlantique nord. Sans doute, depuis l'indépendance des États-Unis et depuis que l'activité européenne se porte vers le grand Océan, son action se trouve un peu bornée ; mais c'est toujours là que convergent les forces et les ressources de l'Occident.

Cet océan Atlantique nord est pour l'Angleterre sa vraie base maritime ; c'est de cet océan qu'elle rayonne par tout l'univers. Toutes les grandes directions, soit vers l'ouest, soit vers l'occident ou vers le sud, sont jalonnées par ses dépôts et ses comptoirs.

La *mer des Antilles* est une mer fermée, complètement dominée par les possessions anglaises de la Jamaïque, de Sainte-Lucie et de la Trinité. Située sur le flanc de l'océan Atlantique, elle serait un danger pour l'Angleterre et ses communications avec le reste du globe, si une autre nation que la Grande-Bretagne y dominait. Mais son manque de consistance, son peu d'homogénéité en facilitent la domination à l'Angleterre qui y a trop d'éléments

---

1. En opposition avec le grand foyer maritime de l'est (l'Australie)

de puissance pour craindre qui que ce soit. Cuba, où toutes les grandes lignes d'eau convergent : l'Orénoque, l'Amazone, par le Gulf-Stream et le Mississipi est dominée par la Jamaïque. Les îles Bahama constituent un obstacle inerte propice à la petite guerre en séparant les États-Unis du Nord de ceux baignés par la mer du Mexique. L'Amérique centrale est en prise et sous la domination anglaise, qui par Bélize peut étendre son action sur Truxillo, Fronseca et jusqu'à l'île du Tigre sur le Pacifique.

L'*Atlàntique central* se combine avec l'échiquier de l'Atlantique nord. — L'*Atlantique sud* met à la portée de l'Angleterre et sous son commandement les terres de l'hémisphère du sud où tant d'intérêts restent à développer et où une bonne marine a tant d'occasions d'être utilisée. Dominé par Saint-Hélène, l'Ascension et le Cap, cet Atlantique sud peut être sillonné par une foule de croiseurs anglais qui menaceraient de là comme d'une position centrale toutes les grandes voies de commerce. — On voit facilement tout le rôle qu'une puissance maritime aussi fortement organisée que celle de l'Angleterre peut exercer sur des continents aussi faiblement constitués que l'Afrique et l'Amérique du Sud. Elle peut avec grand profit exploiter cette barbarie et ce défaut d'organisation ; et cela avec d'autant plus de facilité que les autres nations européennes en sont plus éloignées.

L'*océan Indien* occupe une position centrale entre le Pacifique et l'Atlantique, à portée des plus riches contrées de l'Asie, de l'Afrique et de l'Océanie. Il enveloppe les Indes, le foyer des ressources de l'Angleterre et la base de cette puissance dans l'Orient et mène à l'Australie, dont la position sur le flanc de l'Asie offre de nombreux points d'analogie avec celle de l'Angleterre sur le flanc de l'Europe. Le seul défaut de cette colonie est de n'être pas encore suffisamment organisée pour devenir la deuxième base territoriale britannique.

Toutes les entrées de l'océan Indien sont aux mains des Anglais : Saint-Maurice et le Cap en sont les portes sud-ouest ; Aden, la porte nord-ouest ; Singapoor et Hong-Kong, King's George-Sound commandent les débouchés de l'est et du sud-est.

Le golfe Persique, qui tient à cet océan, est une mer fermée. Toute son importance (en 1881) résidait dans les projets de chemins de fer anglais par l'Euphrate-Mardin-Alexandrette. Bien que le protectorat anglais s'exerce sur Mascate, l'influence de l'Angleterre est peu considérable en Perse. Les montagnes fort rapprochées de la côte septentrionale séparent la Perse du golfe Persique et livrent ce pays à la Russie, dont l'action y est toute-puissante. Le chemin de fer proposé sous les inspirations russes et qui doit aller d'Ispahan-Chiraz sur Ormuz serait une menace pour les Indes anglaises.

C'est au milieu de l'*océan Pacifique* que se trouve le second foyer, le foyer oriental des forces de l'Angleterre. Appuyée par le Cap, Madagascar, Ceylan, les îles de la Sonde, Fidji et laNouvelle-Zélande, pas trop éloignée de l'Afrique méridionale et de Panama, l'Australie pourrait avoir une action beaucoup plus étendue que celle de la Grande-Bretagne. Elle domine deux océans et tient sous sa puissance deux bandes de territoires bien plus considérables que celles sur lesquelles agit l'Angleterre.

Mers fermées. — Il n'y a guère que la Méditerranée et la Baltique en Europe qui soient véritablement des mers fermées. La mer Noire est une expansion de la première ; la mer Caspienne, sans débouché, est un grand lac.

La *Méditerranée*, prolongée par la mer Rouge, réunit les deux grands foyers maritimes de l'Occident et de l'Orient, l'océan Atlantique à l'océan Indien. Elle est au centre du monde et touche aux puissances continentales les plus fortes de la terre. Elle occuperait sur le flanc des océans Atlantique et Indien une position redoutable pour la puissance anglaise, si elle était aux mains d'une autre nation.

La Méditerranée complète sur le midi de l'Europe, si pénétré par les mers, si sensible aux flottes, l'action que l'Angleterre exerce par les Pays-Bas, les bouches de l'Elbe et du Weser et par la Belgique sur le Nord.

C'est une question de vie pour l'Angleterre que de s'y établir solidement pour s'assurer ainsi la voie la plus courte et la plus directe vers les Indes. Gibraltar en garde l'entrée, et Malte qui en assure la domination est la base du système. Difficile à prendre, facile à défendre avec peu de forces, cette île est située entre les deux bassins méditerranéens qu'elle sépare et surveille. Mahon à l'Espagne et la Madeleine à l'Italie sont, dans le premier bassin, les positions centrales ; Candie et Chypre dans le deuxième bassin, comme Lissa dans l'Adriatique et Mételin dans l'Archipel, sont les points dominants de ces mers. Mahon a perdu beaucoup de son importance par suite du déplacement des intérêts vers l'Orient. La rade de la Madeleine (en Sardaigne) semble appelée à de tout autres destinées ; elle couvre l'Italie, surveille Toulon et peut gêner l'action de notre flotte sur les ports de la presqu'île. Mét:elin est appelé dans un avenir peu éloigné à jouer un grand rôle par suite de sa proximité de Salonique, des détroits de Smyrne et des Cyclades.

Les points dans la Méditerranée sur lesquels la pression d'une flotte peut s'exercer facilement sont nombreux : Valence, Barcelone, Marseille que ses batteries ne protègent pas complètement d'un bombardement, Gênes, Naples, Messine que le courant empêche de protéger avec des torpilles, Palerme, Ancône, Venise, Trieste, Athènes, Smyrne, Salonique, Alexandrette, Beyrouth, Alexandrie, Port-Saïd, Constantinople, Odessa, le débouché de la Pologne, Varna, Soukoumkalé et le canal de Suez sont des villes ouvertes ou des points importants, riches et complètement sous la domination de celui qui possède la mer.

La *mer Rouge* prolonge la Méditerranée jusqu'à Aden. Les seuls points importants de cette mer sont à ses extrémités : à Suez et au détroit de Périm. Souakim, au centre, offre trop de difficultés pour relier le Nil à la mer ; Gordon-Pacha estimait que le vrai débouché du Soudan égyptien était Mombaze : ce qui explique l'importance du sultanat de Zanzibar. Soleillet pense que les meilleures routes d'accès de l'Abyssinie semblent être par Obock et la rivière Hassoua. Cheik-Saïd, dont il était tant question dernièrement, est une position tactique de la plus haute valeur, mais dont l'action stratégique est bien bornée.

Aden, adossée à l'Arabie, bloque Cheik-Saïd au sud ; les îles Kamaren et Périm la surveillent au nord et à l'ouest.

Mer Baltique. — Son débouché se trouve surveillé de

près par les Iles Britanniques dont l'action par contre est nulle sur cette mer depuis la mutilation qu'elles ont laissé faire au Danemark. C'est la Prusse qui y domine et il faut reconnaître que la possession complète de cette mer est un des grands objectifs de la politique allemande. Le point central et capital est Dantzig qui, constitué en port militaire, dominerait Copenhague et, complété par la possession de Fehmarn, de Christianso, Faro-sund et d'Aland, assurerait la prépondérance allemande dans la Baltique. Par Faro-sund, la Prusse ferait face à Nikoping, le centre industriel de la Norvège, surveillerait Riga, le débouché de la Dwina et, par Aland, commanderait Stockholm et la Finlande.

Par la domination de la Baltique, l'Allemagne s'assure celle de la Suède et de la Norvège d'où elle exercerait une action menaçante sur les côtes de l'Angleterre, qui n'aurait pas trop de Filey et de Dundee sur la mer du Nord pour parer au danger. La Norvège, il faut le reconnaître, fortement découpée par la mer, s'ouvre largement par ses nombreux fiords à l'action des flottes. Mais ses montagnes pourront-elles être organisées en secondes lignes de Torrès-Vedras? L'Angleterre aura-t-elle assez de monde pour y contrebattre l'influence allemande?

L'action d'Helgoland ne serait pas à négliger pour menacer l'Allemagne et couvrir la côte orientale de l'Angleterre. Située vis-à-vis des bouches de l'Elbe et du Weser, face au nouveau canal qui d'ici peu coupera le Danemark et joindra la Baltique à la mer du Nord, cet îlot gênerait l'action combinée ou isolée des flottes françaises et allemandes.

Il nous reste à parler des mers de Chine et du Japon.

La *mer de Chine* occupe une position de premier ordre entre les Indes et la Chine, entre l'océan Indien et le Pacifique. Cette mer nous intéresse tout particulièrement, parce qu'elle enveloppe notre colonie du Tonkin. Mais bloqués au sud par Singapoor, au nord par Hong-Kong, surveillés au centre par Labouan et Bornéo, pourrons-nous jamais dégager la Cochinchine par Formose, par où certains rêvent faire passer la route qui par la Nouvelle-Bretagne, les Nouvelles-Hébrides, Taïti, Panama et la Martinique relierait l'Europe à nos nouvelles possessions asiatiques.

La chaîne d'îles constituée par Bornéo, les Philippines, prolonge au nord le grand foyer oriental de l'Australie, bloque la Chine et surveille le Japon. Peu de pays sont autant sous l'action maritime que le Japon, qui élève des ouvrages à Simonoseki pour fermer la mer intérieure formée par les îles Kiosou, Sihoku et Niphon.

L'île Tchusan, en face du Yang-tse-Kiang, peut jouer un grand rôle comme étape pour atteindre le Petchili ; les Anglais en comprennent tellement toute la valeur qu'ils ont avec la Chine stipulé qu'elle ne serait jamais occupée par une nation européenne.

La Corée permettrait aux Russes de se constituer une base maritime très forte d'où ils domineraient le Petchili et le Japon ; mais il est peu probable qu'ils obtiennent jamais une solution favorable à leurs visées sur la mer de Chine, pas plus qu'ils n'ont pu conserver les îles Tzou-zima qui commandent le débouché de la mer du Japon.

____

DEUXIÈME PARTIE

CHAPITRE Ier

CONSIDÉRATIONS GÉNÉRALES SUR LA DÉFENSE DES COLONIES ANGLAISES

La défense des colonies anglaises est basée sur le principe qu'elles doivent être mises en état de ne résister qu'à de soudaines attaques. Un danger plus sérieux est-il à redouter? La flotte est là pour y parer et les soutenir. La marine anglaise a toujours eu pour principe de prendre le contact avec les flottes ennemies pour les combattre, les tenir en échec, les surveiller et les bloquer selon les cas. Elle constitue la principale défense des colonies; tandis que les propositions actuelles d'ouvrages à élever dans les colonies (1884) sont basées sur ce double but : de donner le temps à la flotte d'intervenir et de mettre à l'abri les arsenaux et les dépôts de charbon.

Le secret d'expéditions lointaines et surtout d'expéditions comptant un déploiement de forces imposantes est de nos jours bien difficile à garder. L'Amirauté anglaise avec tous les fils télégraphiques qui traversent les océans, partant d'Angleterre, a trop de sources de renseignements pour ne pas être tenue en éveil ou au courant, et elle aura tout le temps nécessaire pour parer à cette menace.

Les colonies anglaises sont réparties en groupes où se concontrent et se centralisent les moyens de défense. Judicieusement espacés, ils sont à des distances telles qu'ils peuvent se prêter un mutuel appui; leur peu d'homogénéité seul est une difficulté que l'on est parvenu à vaincre : 1° en assurant les communications avec la mère-patrie, des colonies les plus éloignées; 2° en groupant les forces afin d'obtenir des défenses combinées.

Ces groupes au nombre de 10, sont :

1° Les îles Britanniques;

2° Nord-Amérique (les possessions du);

3° Les Indes occidentales;

4° Côtes occidentales d'Afrique (les possessions des);

5° Le Cap;

6° L'île Maurice;

7° L'Australie;

8° Hong-Kong;

9° Les établissements de Malacca;

10° Les Indes.

Les principales lignes de communications sont :

1° L'Océan Atlantique qui relie l'Angleterre à l'Amérique du Nord;

2° L'Océan Atlantique qui relie l'Angleterre aux Indes occidentales;

3° La Méditerranée qui relie l'Angleterre aux Indes, à la Chine et à l'Australie;

4° L'Océan Indien qui relie l'Angleterre à l'Australie par le Cap;

5° L'Océan Pacifique qui relie l'Angleterre à l'Australie par le cap Horn.

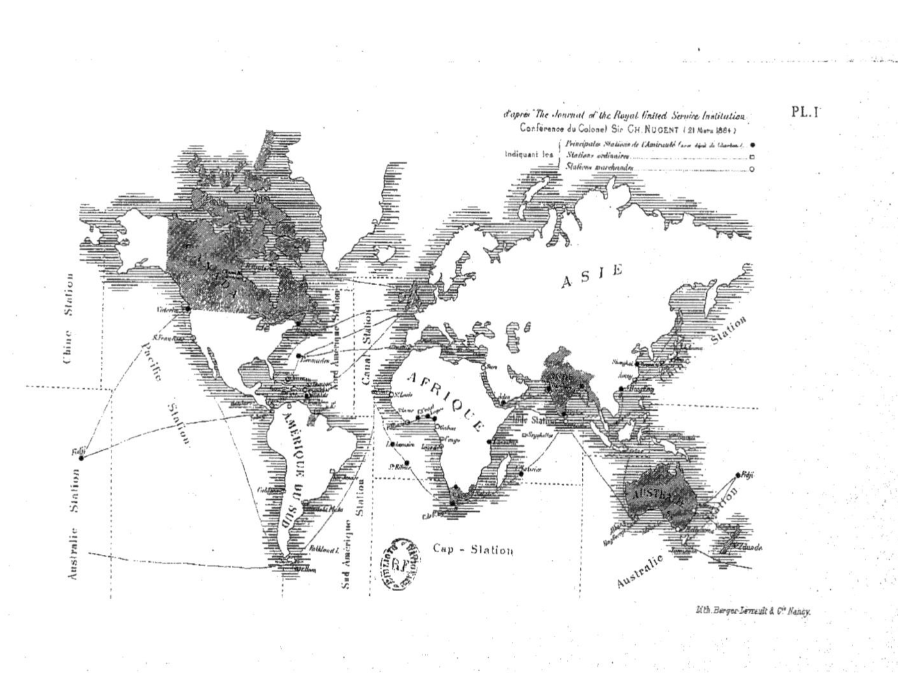

d'après "The Journal of the Royal United Service Institution
Conférence du Colonel Sir CH. NUGENT (21 Mars 1884)
Indiquant les
Principales Stations de l'Amirauté (avec dépôt de Charbon)
Stations ordinaires
Stations marchandes
PL. I
ASIE
AFRIQUE
AMÉRIQUE DU SUD
AUSTRALIE
Chine Station
Pacific Station
Australie Station
Canal Station
Sud Américaine Station
Cap - Station
Station
Australie Station
Fidji
Victoria
S. Francisco
Bermudes
St Louis
St Hélène
Falkland I.
Shanghai
Amoy
Fidji
Jamaïque
Z Iande
Lith. Berger-Levrault & Cie Nancy.

Plus que toute autre nation, l'Angleterre vit de ressources étrangères et son commerce est pour elle un élément indispensable de vie. La défense de ses colonies doit donc être sa grande préoccupation; mais cette défense n'est possible que si elles sont toujours solidement rattachées à la métropole par la flotte. Disséminées sur toute la surface du globe, séparées par des étendues de mer considérables, habitées souvent par des populations profondément hostiles à sa domination, ses possessions lui échapperaient si la mer n'était pas à elle avec des dépôts et des arsenaux à bonne distance.

La force, la qualité même des navires employés varie beaucoup avec les dangers que les colonies peuvent courir, avec la mission à remplir et aussi d'après la distance qui sépare les divers points de relâche les uns des autres. C'est ainsi que l'escadre qui assure la défense du canal n'a pas une composition identique à celle du Pacifique; dans le canal, les arsenaux sont plus voisins: les perfectionnements apportés dans la construction des bâtiments peuvent être plus grands. Sur le Pacifique, au contraire, on recherchera des navires pouvant tenir la mer longtemps, mais d'un mécanisme moins parfait. Outre cette question de valeur des bâtiments sur les diverses mers, le nombre et l'organisation défensive des différents points de relâche varient avec l'importance des communications et leur voisinage des puissances ennemies.

Parmi les divers projets d'établissements militaires destinés à assurer les communications anglaises, celui du capitaine Colomb mérite d'être tout particulièrement mentionné. Il propose sur :

1° La ligne du Canada : *Halifax*.

2° La ligne des Indes occidentales : les *Bermudes, Bahama* et la *Jamaïque*. La valeur militaire des Bahamas a été fixée par sir John Burgoyne. La Jamaïque, par sa position centrale et son vaste port, est d'une importance considérable. Le capitaine Colomb ajoute Antigoa parce que la Jamaïque est trop sous le vent pour avoir de la valeur comme station de charbon ou arsenal pour les croiseurs.

Le rapport de l'inspecteur général des fortifications propose, au lieu d'Antigoa, Sainte-Lucie. Cette île est plus centrale par rapport aux petites Antilles, surveille bien la Martinique et se relie mieux à la Barbade.

3° Sur la ligne de l'Inde, de l'Orient et de l'Australie par la Méditerranée, les points à défendre sont : *Gibraltar, Malte, Aden, Bombay, le cap Comorin* et *King's George-Sound* sur la ligne principale, avec *Trincomalé, Singapoor* et *Hong-Kong*, sur la branche nord. (Capitaine Colomb.)

Le rapport de l'inspecteur général propose sur cette ligne : *Colombo, Trincomalé, Singapoor* et *Hong-Kong*.

Le cap Comorin et King's George-Sound ne sont pas mentionnés dans ce rapport, qui probablement ne les considère pas comme de première urgence.

Le capitaine Colomb fait remarquer que de toutes les lignes de communications, c'est la plus difficile à défendre à cause de sa solution de continuité. « La position la plus décisive, dit-il, est l'isthme de Suez et il faut se tenir prêt à l'occuper si cela devient nécessaire. » (1880.)

Dans le cas où cette occupation eût été impossible, il

reconnaissait comme absolument nécessaire d'avoir un grand établissement naval, solidement fortifié, dans l'hémisphère oriental (Bombay ou Sidney), de s'assurer la domination de l'Abyssinie et de créer un chemin de fer le long de l'Euphrate, ou de percer un canal à travers le Jourdain et la mer Morte.

Avec de telles dispositions et avec Chypre fortement organisée, l'Égypte se trouvait complètement dominée par l'action anglaise.

On connaît les résultats de l'expédition de 1882, qui, mettant l'Angleterre en Égypte, lui assure la protection complète de ses lignes de communications avec les Indes.

4° Sur la ligne des Indes orientales et pour en assurer la possession à l'Angleterre, le capitaine Colomb propose : *Sierra-Leone*, l'*Ascension*, *Sainte-Hélène*, *Simon-bay*, *Maurice, King's George-Sound*.

Le rapport de l'inspecteur général remarque que l'Ascension et Sainte-Hélène feraient double emploi.

Il adopte Sierra-Leone, Sainte-Hélène et au Cap il propose : Table-bay et Simon-bay. Quant à King's George-Sound, il n'en est pas question.

5° Les communications et la domination de l'océan Pacifique sont assurées par *Sierra-Leone* et l'*Ascension*, dans l'océan Atlantique, et par les îles *Falkland* et *Sidney*. Sauf Sierra-Leone, le rapport de l'inspecteur général n'indique aucun point à fortifier ; sans doute par suite du peu de danger que court cette ligne de communications. Les îles Galapagos et Revilla-Gigédo sont depuis longtemps l'objet des visées anglaises ; elles auraient entre leurs mains une importance capitale, elles relieraient la Colombie britannique au nouveau canal et serviraient à protéger indirectement l'Australie contre la Russie ou les États-Unis.

Le percement de l'isthme de Panama amènera une transformation complète du Pacifique. La Sonde, Bornéo, les Philippines, la Corée, la Chine même, la Sibérie orientale, inexploitée ou fort peu visitée jusqu'à ce jour à cause des distances, vont être livrées à l'activité européenne. Il faut s'y assurer des ports, des points de refuge et des dépôts de charbon. Nous possédons dans ces mers de nombreux points d'escale : les îles de Bolabola, de Taïti, le rocher de Clipperton, les îles de la Société, les îles Rapaïti et les îles Marquises sur la route du nord. Les Nouvelles-Hébrides relieraient par les îles Salomon dont la possession nous serait si utile, l'Indo-Chine française, notre base sur cet océan, avec la Nouvelle-Calédonie.

Si depuis 1842 la France possède une série d'escales sur le Pacifique, l'Angleterre en tient les portes et les issues et vient tout récemment d'occuper entre Fidji et la Nouvelle-Zélande les îles de Kermadec. Sa base d'opérations sur cette mer, l'Australie, est incomparable ; et, par la Jamaïque et Bélise, elle domine le Mexique, le versant oriental de l'océan Pacifique.

La connaissance de ce rapport de l'inspecteur des fortifications, rapport qui date de 1884, est d'un grand intérêt. Il fait bien ressortir l'importance de telle ou telle possession anglaise et d'après les chiffres fixés pour l'amélioration ou le développement des points fortifiés on voit clairement les efforts constants de l'Angleterre pour s'assurer des lignes de liaison avec ses colonies les plus lointaines.

Ainsi pour *Aden*, considéré comme un des premiers points à mettre en état de défense, le rapport propose 128,800 livres (ouvrages, 94,300; armements, 34,500).

Dans l'île Ceylan, *Trincomalé* doit être conservé et mis en état de défense. Son port sûr et commode est la base des flottes anglaises dans l'océan Indien (45,000£). *Colombo*, le chef-lieu du gouvernement de l'île, est surtout important sous le rapport des intérêts commerciaux et parce qu'il rattache l'île au continent (45,820£).

Établissements du Détroit. — La possession de Singapoor tient ouverte aux flottes et au commerce la grande route de l'Inde à l'extrême Orient et à l'Australie.

Les ouvrages proposés doivent interdire complètement le mouillage du nouveau port aux vaisseaux de guerre ennemis (124,000£).

Hong-Kong est considéré de toutes les stations à charbon comme la plus exposée à une attaque (93,125£).

Sierra-Leone a été choisie comme station la plus convenable sur la ligne de l'Angleterre au Cap.

Les navires de commerce comme ceux de guerre pourront y trouver abri et secours (52,000£).

Sainte-Hélène, à égale distance du Cap et de Sierra-Leone (1,700 milles), offre une rade facilement défendable (7,000£).

Au cap de Bonne-Espérance : *Simon-bay* ouvrira la seconde route de l'Inde et de l'Orient et permettra aux vaisseaux de guerre d'y prendre leur ancrage, de s'y refaire et d'y trouver en pleine sécurité un abri et un secours effectif (89,000£).

Table-bay est conservé pour protéger les intérêts coloniaux et commerciaux du Cap dont il est le débouché (113,875£).

L'île *Maurice* (Port-Louis) [89,900£], sur le chemin du Cap aux Indes, commande l'île de la Réunion et est à proximité de Madagascar et de la côte orientale de l'Afrique.

La *Jamaïque* (156,250£). Elle acquerra une plus grande importance après le percement de Panama, et est le centre des intérêts britanniques dans les Indes occidentales.

Sainte-Lucie (Port-Castries) [48,000£], est de toutes les îles sous le Vent la plus favorable à l'établissement d'une station de guerre.

La lecture de ce rapport nous fait connaître les efforts de l'Angleterre pour s'assurer la domination de l'Amérique du Sud et de l'Afrique où il reste tant à faire. Loin de se décourager, elle lutte avec persévérance, centralise la défense de ses colonies pour y employer le moins de monde possible, mettant tout en œuvre et ne reculant devant aucun sacrifice pour se maintenir à la tête des nations maritimes.

CHAPITRE II

La vraie base maritime de la Grande-Bretagne est l'océan Atlantique nord dont elle s'est acquis la possession depuis longtemps. Elle en domine les deux rives et exerce ainsi une action puissante sur les contrées les plus peuplées et les plus riches de l'Europe et de l'Amérique.

Sur le versant oriental de l'Atlantique, elle possède les îles Britanniques, Helgoland, les îles du canal ; du côté du couchant : le Canada, les Bermudes et les Antilles.

Iles Britanniques.

La position des îles Britanniques sur le milieu du flanc de l'Europe est des plus avantageuses sous tous les rapports. C'est une position centrale et intermédiaire entre Arkhangel et Cadix, entre le Nord et le Midi, position analogue à celle des Flandres. Elle est située vis-à-vis le Rhin qui, prolongé par le Danube, coupe en deux l'Europe continentale. Les presqu'îles Scandinave et Danoise, les bouches de la majorité des fleuves de l'Europe septentrionale et centrale, les péninsules du Cotentin et de Bretagne, la citadelle rocheuse du Portugal, la plus grande partie des fleuves français se déversant au nord et à l'est, facilitent ses moyens d'action et de domination.

Avant l'invention de la vapeur, le percement des Alpes

et l'ouverture du canal de Suez le commerce se faisait plus facilement et plus sûrement par le flanc nord ; il s'est un peu déplacé vers le midi de l'Europe sans déserter complètement cependant l'océan Atlantique.

Le littoral anglais, bien mieux que le nôtre, est favorable à la marine : vents, courants, côtes, marées, toutes les conditions nautiques sont en faveur de l'Angleterre. Sur ses cinq grands ports de commerce, quatre : Liverpool, Bristol, Londres et Hull, sont à l'abri de nos coups ; le cinquième port, Southampton, est couvert par Portsmouth.

Par suite de la disposition générale des îles Britanniques, que complètent actuellement divers projets pour Londres, Oxford et Filey, au lieu de l'unique arsenal de Woolwich, il est question d'en créer plusieurs en des endroits plus avantageux et mieux abrités. Le danger d'une descente en Angleterre préoccupe fort les esprits et cependant elle semble bien difficile de notre part ; autrefois on pouvait espérer obliger la Grande-Bretagne à traiter par la destruction de ses arsenaux de la Manche, mais actuellement ils sont fortifiés et défendus d'une manière formidable, et c'est dans le bassin de la Méditerranée que nous pouvons seulement frapper d'un coup sensible notre puissante rivale.

En dehors de la Méditerranée, nous pourrions par l'occupation de l'Escaut porter une atteinte formidable aux intérêts commerciaux de l'Angleterre et à son influence politique. (Brialmont, 1851.) « Jamais, disait John Smith dès 1815, nous ne devons permettre qu'une telle étendue de côtes tombe entre les mains de la France. »

Anvers, en effet, peut s'étendre indéfiniment ; ses com-

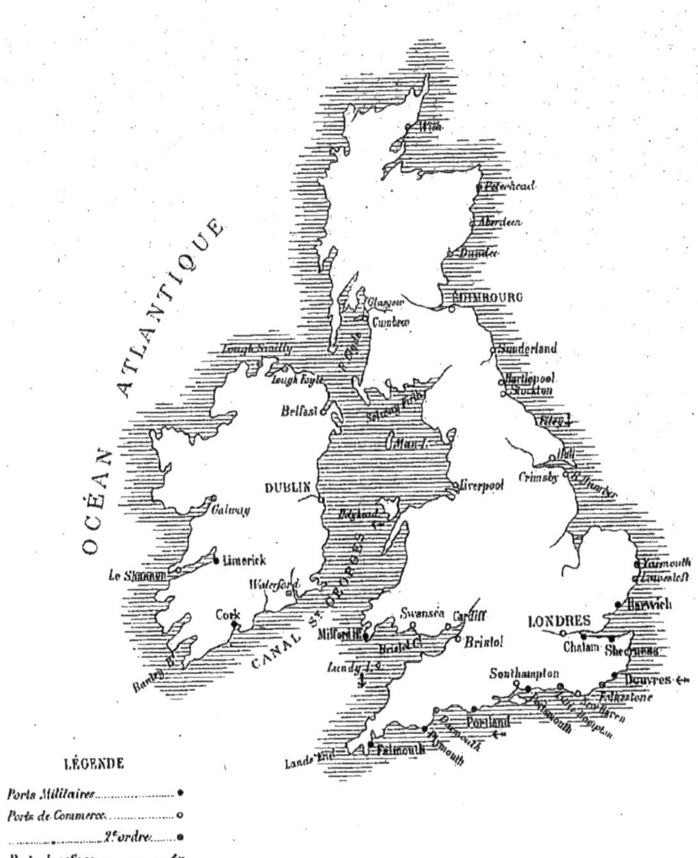

LÉGENDE

Ports Militaires.................... ●
Ports de Commerce................ ○
.... 2.° ordre........ ◉
Ports de refuge.................. ⇐
.... proposés .... ↓

d'après : "The Journal of the ROYAL UNITED SERVICE INSTIT.^{on}", 21 Mars 1884.

Conférence du Colonel Sir Ch. Nugent.

munications sont bien plus aisées que celles de Londres et
l'on ne serait plus alors restreint à la Manche pour attaquer l'Angleterre ; toute la côte orientale se trouverait
découverte et permettrait de prendre à revers les ouvrages
du canal.

Actuellement, ce serait sans nécessité que l'Angleterre
organiserait Dundee sur la mer du Nord : ce port ne jouerait un rôle que dans le cas où la Hollande et la Scandi-
navie tomberaient aux mains des Allemands, ou dans le
cas où nous occuperions Anvers.

Londres, alors fortifiée, devrait s'appuyer à Oxford et
être reliée au pays de Galles par des positions près de
Stratford. Filey serait avantageusement appuyé par York,
qui est la clef de l'Angleterre du nord, et Dundee complétée par Stirling.

Iles Normandes.

Le danger qui semble devoir menacer nos côtes par
suite de la possession des îles Normandes par l'Angleterre
existe plus en apparence qu'en réalité. Les ouvrages de
ces îles sont pour la plupart démodés et ne sont plus à la
hauteur des exigences actuelles. Construits en pierre, ils
n'ont plus aucune valeur. Le seul rôle que paraissent devoir jouer ces îles est d'offrir un appui et un abri à des
croiseurs pour menacer les communications de Cherbourg avec Brest. Le fort projeté sur une des îles Ecrehou
serait destiné à fermer le détroit entre le Cotentin et
Jersey, et semblerait suffisamment justifier cette crainte.
Quant au prétendu projet de faire de Bray un second Gibraltar, il a été complètement abandonné.

L'archipel des îles Normandes appartient physiquement à la région française dont Jersey, au ve siècle, n'était séparé que par un petit bras de mer. Elles faisaient partie de l'ancien duché de Normandie et les souverains anglais les ont conservées à ce titre.

Les îles du canal sont fort nombreuses : trois seulement offrent quelque importance. Ce sont : Aurigny, Jersey et Guernesey. Les îlots de Herms, Serck, les Casquets, Jethon et les Marchands ne sont guère que des rochers incultes.

Aurigny, la plus septentrionale du groupe, est située à 12 kilomètres du cap de la Hague. Elle a 6 kilomètres de long sur 2 de large. Les approches de l'île sont fort difficiles ; elle n'est accessible que par le nord, le nord-est et l'est. Tout le reste de la côte est parsemé de récifs ou de rochers féconds en naufrages (les Casquets).

Lors de la création de Cherbourg, les Anglais pensèrent un moment de faire d'Aurigny un nouveau Gibraltar.

La rade de Bray, au nord de l'île, avait été convertie en port militaire au moyen d'une digue fort mal dirigée d'ailleurs.

Les 3 forts de la Roque-Tourgis, d'Albert et d'Essex protègent fort mal actuellement les points faibles. A l'heure présente, les Anglais semblent plus compter sur leur supériorité maritime que sur ces forts pour protéger et balayer de leurs feux l'île dans le cas où une puissance ennemie s'en serait emparée.

Guernesey. — Réunie actuellement à l'île Waël, Guernesey est à 18 kilomètres de Jersey. Elle a 46 kilomètres

de développement de côtes et affecte la forme d'un triangle.
Elle n'est accessible que dans sa partie orientale. Son système de défense est des plus simples. La citadelle de Châ-
teau-Cornet est bâtie sur un roc escarpé et consiste en
un petit fort bastionné. Le fort Saint-Georges ne protège
qu'imparfaitement Saint-Pierre, le débouché et la capitale
de l'île. Ce fort domine assez bien la ville et le mouillage ; il ferme la passe du grand Ruau situé entre Herms
et l'île, mais un ouvrage à Bréhon serait absolument nécessaire pour le compléter et fermer la passe nord du
petit Ruau. On trouve encore dans l'île les tours Martello,
qui datent du premier Empire et qui sont sans valeur aujourd'hui.

Jersey. — Située à 20 kilomètres du Cotentin et à
120 kilomètres des côtes d'Angleterre, cette île est protégée au nord par des rochers et des sables mouvants.
Elle a 16 kilomètres de l'est à l'ouest, et 8 du nord au
sud. Elle affecte la forme d'un quadrilatère avec des hauteurs assez élevées sur la partie septentrionale, ce qui met
Saint-Hélier à l'abri des vents. Saint-Hélier, malgré les
forts Sainte-Élisabeth et le fort Régent, ne pourrait offrir
aucune résistance ; ses forts sont très vieux et battent imparfaitement le mouillage.

Somme toute, ces îles dont les fortifications pouvaient
couvrir autrefois les côtes anglaises, ne jouent plus le
même rôle depuis l'organisation formidable de Portsmouth
et de Portland. — Elles occupent toujours une position
centrale dans le canal et menaçante pour le Cotentin et
Saint-Malo. Elles peuvent servir de ports de refuge et de
dépôts de charbon, et au besoin être utilisées dans le

blocus de Cherbourg pour couper les communications de ce port avec Brest.

Helgoland.

Au commencement de l'année 1807, Helgoland était encore aux Danois. Une fois qu'ils en furent les maîtres, les Anglais en firent, lors du blocus continental, un vaste entrepôt de marchandises, destiné à écouler les produits prohibés sur le continent.

Situé à 20 milles marins des côtes allemandes, des embouchures de l'Elbe et du Weser, cet îlot de 3 kilomètres de circonférence est une menace permanente pour les ports de Wilhelmshafen et de Bremerhaven.

Il permet de surveiller les flottes allemandes, de les couper d'Anvers, cet objectif si envié de l'Allemagne, et est un point de relâche vers la Baltique. Comme tous les points fixes en mer, Helgoland facilite les manœuvres de la flotte anglaise et son ravitaillement en charbon. C'est un abri pour les torpilleurs et les canonnières, et son phare facilite de ses feux les opérations qui tendent à menacer l'Allemagne, en fournissant la nuit un point de repère.

Les Allemands comprennent bien toute la valeur de cet îlot qui pourrait devenir le boulevard de leur marine dans la mer du Nord. Aussi n'ont-ils pas cessé de réclamer à grands cris l'annexion de ce rocher et ont-ils entrepris à ce sujet une vraie campagne annexionniste. Les événements prouvent et justifient les craintes allemandes. Le 4 juin 1849, en éteignant les feux du phare, les Anglais rendirent fort difficiles les mouvements de la flotte allemande. En 1864, l'amiral Tegethoff fut gêné par une fré-

gate anglaise qui par signaux avec Helgoland avertissait
à temps les Danois des mouvements de la flotte ennemie.
En 1870, son phare éteint eût considérablement nui aux
manœuvres de notre flotte.

Les travaux élevés sur cet îlot par les Anglais se réduisent à bien peu de chose pour le mettre à l'abri d'un
coup de main. Ils préfèrent laisser l'île sans défense sérieuse, car elle se trouve complètement en prise, par suite
de sa faible superficie, aux feux de leur flotte. Un ennemi
qui s'en emparerait en serait rapidement délogé. Un simple blockhaus ou petit fortin barre le mouillage et l'esca-
lier de communication entre l'île haute et l'île basse et
domine le village et toute l'île. La population d'Helgoland s'élève à 2,800 habitants ; sa rade est fermée par
des bancs de sable qui la garantissent de la haute mer.

Gibraltar.

Gibraltar que l'on ne cite ici que pour mémoire, se rattache plus à la Méditerranée qu'à l'océan Atlantique.
Son action sur l'océan n'existe que par ses rapports avec
Tanger, Cadix et Lisbonne. Tanger est la porte du Maroc et ravitaille Gibraltar. Les deux grandes positions de
Cadix et de Lisbonne sont les réduits de la péninsule his-
panique. Le Portugal a commencé récemment les fortifications de Lisbonne. Les Espagnols renforcent les ouvrages
de Cadix qui, séparée de la terre ferme par des canaux
et des marais, est bien sensible à une attaque maritime,
et bien difficile à ressaisir si l'on n'a pas la suprématie
sur mer.

Possessions anglaises de l'Amérique du Nord.
(Versant atlantique.)

Canada. — La défense du *Canada* nécessite trois bases, qui, vu l'immensité du pays et son manque de ressources, sont tout à fait isolées. Le Saint-Laurent est la base ou le centre des forces des États de l'est ; la base des États du centre est le lac Winnipeg où toutes les eaux vont converger pour se déverser ensuite par le Nelson dans la baie d'Hudson. Les États de l'ouest n'ont actuellement pour base que l'île Vancouver.

Une partie de ces immenses contrées est frappée de stérilité par le froid ; mais les terres cultivables présentent cependant une énorme superficie qui d'après les calculs les plus modérés pourrait nourrir 100 millions d'habitants. Les moyens de communications naturelles sont aussi faciles et aussi nombreux qu'aux États-Unis ; les moyens artificiels sont aisés à établir. L'accroissement numérique de la population, sa solidité, sa vigueur physique et morale pourront faire jouer à ce pays un grand rôle dans le Nouveau-Monde, d'autant plus qu'il touche au cœur et au noyau vital de l'Amérique du Nord, c'est-à-dire à la partie délimitée au nord par les lacs et le Saint-Laurent, à l'est par l'Atlantique du Saint-Laurent à la baie de Chesapeake, au sud par l'Ohio, et à l'ouest par le Mississipi jusqu'à son confluent avec le Missouri. Dans le cas où le développement et la divergence d'intérêts aux États-Unis amèneraient la séparation des divers États de l'Atlantique, du Pacifique et du bassin du Missis-

besoin de moins de troupes, il faudrait avoir la supériorité navale sur les lacs Érié et Huron ; ce qui n'est pas possible à cause des ressources écrasantes de la base ennemie, Chicago. De l'Ontario à Québec 25,000 à 30,000 hommes pourraient suffire, appuyés par une force navale imposante et sur un système de forteresses constitué par Québec, Montréal et Kingstown. Lord Hartington pense que 20,000 hommes pourraient être fournis par l'Angleterre assez à temps pour concourir à la défense du Canada, et il évalue les forces de la colonie à 20,000 Canadiens et 80,000 miliciens. En 1862, les Anglais eurent beaucoup de peine à envoyer 12,000 hommes, et qu'auraient pu ces 12,000 hommes contre les masses américaines sur pied à ce moment-là.

Quel que soit le nombre des ouvrages élevés, ce seront les défenseurs qui manqueront encore longtemps ; aussi la défense doit-elle être basée sur la supériorité maritime anglaise, supériorité qu'il faut chercher à obtenir sur les lacs où l'infériorité des bateaux anglais est la conséquence du traité de Gand qui a fixé l'effectif des deux marines sur les lacs.

Cinq principales attaques sont à redouter pour le Canada. La première, par Goderick, permettrait aux États-Unis d'utiliser leur supériorité navale sur le lac Huron et surtout de s'appuyer à des bases d'action, à des villes bien plus riches et bien plus populeuses que celles dont les Canadiens pourraient tirer parti.

La deuxième attaque, par le détroit et Amersburg, conduit comme la précédente sur Paris, Stratford, London et Guelph. Paris semble être le point le plus favorable pour

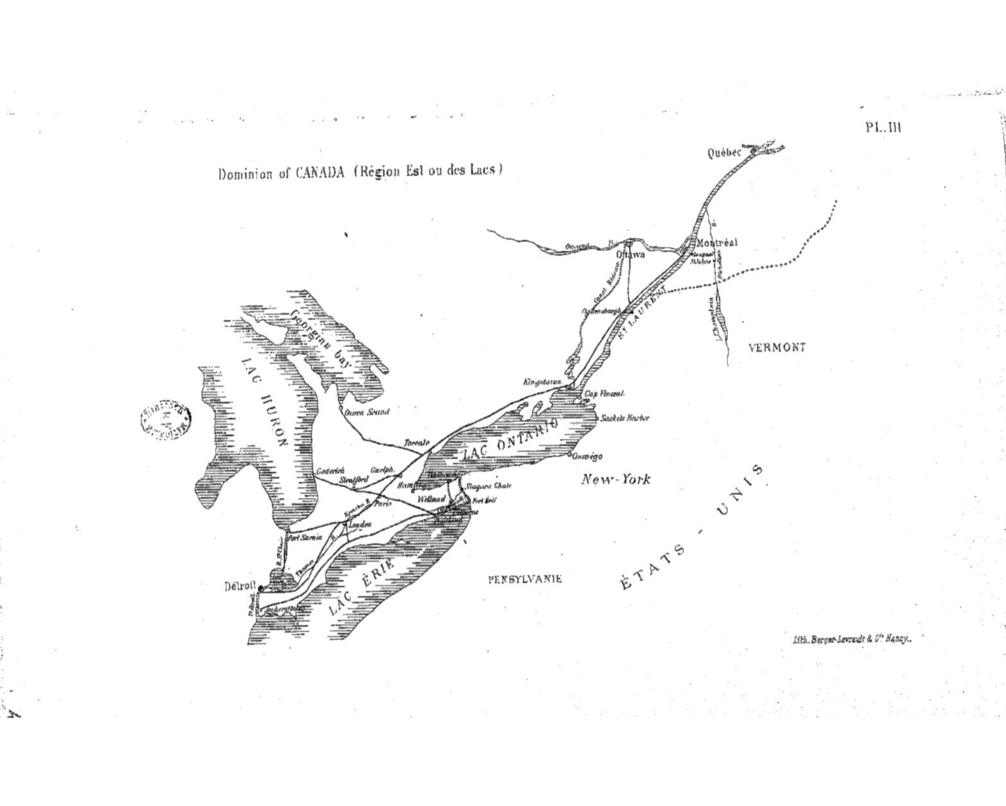

Dominion of CANADA (Région Est ou des Lacs)
Québec
Montréal
Ottawa
Georgian bay
LAC HURON
Owen Sound
LAC ONTARIO
Kingstown
Cap Vincent
Sackets Harbor
Oswego
Toronto
Goderich
Guelph
Stratford
Hamilton
Paris
Niagara Chute
Welland
Fort Erié
London
Port Sarnia
Détroit
Amherstburg
LAC ÉRIE
St LAURENT
Grand River
Ogdensburgh
Magog Station
Champlain
VERMONT
New-York
PENSYLVANIE
ÉTATS - UNIS

y rassembler les forces défensives actives du pays ; Stratford et London, à la jonction des voies ferrées conduisant à Goderick, Port-Sarnia sur le détroit et Amersburg, doivent être tenus aussi longtemps que possible ; enfin Guelph serait le point de concentration des troupes canadiennes obligées de se retirer sur Toronto.

La troisième attaque, par Niagara, viendrait tout d'abord se buter au fort Dalhousie, au nord, sur le lac Ontario, et aux forts Colborne et Érié à l'extrémité sud du canal de Wellend. Bien que le canal se prête mal à une vigoureuse défense, cependant on peut tirer bon parti de la rivière de Chipawa et de l'emploi de canonnières, et il serait alors utile de mettre Durmville et Maitland sur le lac Érié à l'abri des entreprises ennemies.

En arrière, Hamilton sur l'Ontario est incapable de défense, mais il serait désirable que l'on fortifiât Toronto par deux forts et des ouvrages de campagne.

La quatrième attaque, sur Ogdensburgh, amènerait les Américains à une guerre de positions qui leur ferait prendre pied en cas de premiers succès dans le triangle compris entre Ottawa, le Saint-Laurent et le canal Rideau.

Ils couperaient ainsi le canal en deux et tiendraient en échec Kingston et Montréal. Cette attaque n'aurait de chance de réussite que dans la faiblesse des troupes canadiennes, mais donnerait aussi les plus rapides résultats.

La cinquième attaque : direction sur Montréal, se confond un peu avec la précédente et coupe Kingston de Québec.

Attaquer plus à l'est offrirait moins d'avantages : les terrains y sont difficiles, le Saint-Laurent plus large et la marine anglaise moins éloignée. Québec, que l'assaillant devrait forcément assiéger, est bien, il est vrai, la clef du Canada et de la mer, mais la ville est difficile à investir. Son ravitaillement est assuré par le Saint-Laurent, et la base Ottawa-Kingston-Montréal, point de concentration des forces canadiennes, menacerait puissamment les derrières des troupes d'investissement.

Parmi les projets de défense du Canada, il n'est proposé pour la région des lacs que des ouvrages de campagne, bien suffisants du reste. Goderick sur l'Huron est tourné et menacé au nord par Georgian-bay, et il serait imprudent d'y tenir indéfiniment. Des ouvrages permanents à Port-Sarnia et Amersburg sur le détroit se relieraient mal en arrière, car ces deux points sont bien éloignés de la base défensive de tout ce territoire des lacs, base constituée par London-Paris-Guelph et Toronto.

Guelph devrait être rendu tenable à cause de sa position importante et avec London offrirait de bonnes lignes de défense sur la Kamoka-Rivière.

Kingston est la base d'opérations du lac Ontario, il commande le canal Rideau et permettrait d'opposer une vive résistance à l'ennemi, soit qu'il veuille tourner le canal ou l'attaquer directement. Une flottille à Kingston suffirait pour tenir en échec toute démonstration hostile partant du cap Vincent, d'Oswégo et de Sacketsharbor.

Kingston occupe l'emplacement de l'ancien fort de Frontenac et ses fortifications consistent en forts et fronts bastionnés qui n'entourent pas la ville. La langue de terre

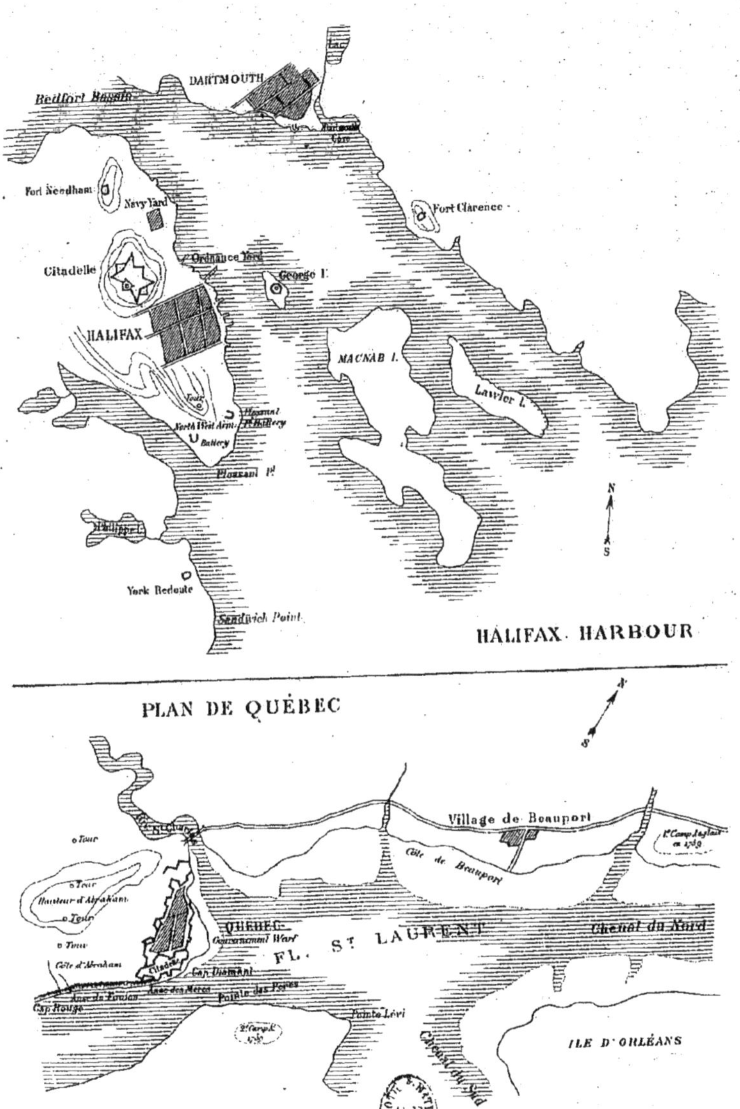

Lith. Berger-Levrault & Cie Nancy.

en face de Kingston est fortifiée et fermée par un front
bastionné. Les forts Henri, Frédéric, la batterie du Mar-
ché, dominent soit la ville, soit la baie.

Les tours de l'île Cédan, de l'Écueil et de Murby, situées sur l'eau, couvrent les approches du port; mais tous
ces ouvrages sont peu en état de résister solidement à un
enmemi qui débarquerait soit en amont, soit en aval de
la ville et l'on évalue à 390,000£ la dépense nécessaire
pour mettre Kingston à hauteur et en bon état de défense.
Les points proposés pour établir des ouvrages sont Wol-
fisland, Abrahams, Garden-Island; sur terre, Belleville
et Prescott offrent des sites admirables pour la construction d'ouvrages de grande importance.

Montréal est moins que Kingston capable de soutenir
un siège : sa citadelle est complètement battue par les
hauteurs avoisinantes. Si l'on considère l'état actuel de
ses défenses, son importance et les dangers que Montréal
peut courir, on a quelque peine de décider les meilleurs
moyens à adopter. Parmi les ouvrages proposés : le meilleur système de défense consisterait à établir des parapets
sur les rives du Saint-Laurent et pour couvrir la ville
vers le sud, construire une tête de pont à Longueil et
des forts à Saint-John, dans l'Ile-aux-Noix sur le Richelieu. D'autres proposent des forts sur les hauteurs du
nord de la ville.

Québec est, comme il est dit plus haut, la clef de tout
le système de défense du Canada qu'il relie à la mer. Si
10,000 hommes sont suffisants d'après les uns, 6,000
hommes d'après d'autres auteurs anglais, suffisent pour
tenir Québec et lui permettre de soutenir un siège. Si-

tuée à l'extrémité d'une langue de terre qui domine le Saint-Laurent, Québec est protégée du côté de terre par une enceinte bastionnée, des tours martello en avant et présente enfin comme réduit une citadelle. La portion sud est inaccessible, le point faible de la citadelle est vers le bastion Diamant. Pour mettre Québec en état de défense, il faudrait occuper la pointe Est et porter les ouvrages extérieurs plus en avant.

Le *Nouveau-Brunswick* et la *Nouvelle-Écosse* sont en dehors du système de défense du Canada. Les ouvrages neufs et ceux existant déjà à Halifax suffisent, car l'attaque de ces pays par terre est fort difficile à cause du peu de ressources du terrain, de la forme rentrante de la frontière et de l'impasse où l'on aboutit en s'enfonçant dans cette presqu'île.

Il y a un demi-siècle[1], on pouvait croire que le Canada serait absorbé par les États-Unis. Actuellement son rôle se dessine. Il tend à son autonomie et ses destinées le poussent à devenir un grand État indépendant des États-Unis et de l'Angleterre.

Bermudes.

Les *Bermudes,* le Malte de l'océan Atlantique, occupent une position stratégique des plus importantes.

Situées à égale distance d'Halifax et de la Jamaïque,

---

1. On a cru longtemps que les terrains du Winnipeg n'étaient pas cultivables. Si le N.-O. Territory est inhabitable, le Manitoba, en revanche, a atteint, de 10,000 hommes qu'il comptait en 1870, plus de 120,000 hommes.

en face de New-York et de la Chesapeake, ces îles sont aussi à bonne portée des États-Unis du Sud où couvent encore tant de ferments de révolte.

Les Bermudes par leur position centrale bloquent l'Amérique.

Il y a un siècle, Washington exprimait déjà des craintes au sujet des dangers que les Bermudes pourraient faire courir à l'Amérique. C'est le réduit, la citadelle de la rive occidentale de l'Atlantique, comme l'Angleterre est le réduit et le centre des forces britanniques sur la rive orientale.

A la suite de la guerre contre les États-Unis en 1812, les Anglais avaient d'abord eu l'idée de fortifier la vallée du Saint-Laurent. Après mûre délibération, ils ont opté pour la défense des Bermudes, faisant ainsi de leur puissance maritime la sauvegarde du Canada. Les points où peut se faire sentir toute la prépondérance maritime anglaise sont nombreux sur les côtes occidentales de l'Atlantique où se groupent les centres industriels et de richesse des États-Unis. Peu de villes sont fortifiées : Newport est imparfaitement défendue et la batterie, comme le fort Adams, ne pourrait empêcher de forcer la passe de New-York. Portland ou Gloucester, au nord de Boston, sont villes ouvertes et l'on peut y débarquer, pour aller de là ruiner Boston, etc.

Si jamais une lutte venait à éclater entre l'Angleterre et les États-Unis, les Bermudes occuperaient une forte position sur le flanc des troupes américaines qui menaceraient Montréal ou Québec par les vallées du Richelieu ou de la Chaudière.

Sans doute ces îles, qui sont le pivôt et le point d'appui des flottes anglaises, auraient moins d'action sur des forces groupées dans la vallée du Mississipi et marchant sur Toronto ou Kingston; mais elles n'en constitueraient pas moins une dangereuse menace pour les villes ouvertes du littoral.

Un bon système de défense adopté par les États-Unis neutraliserait en partie cette action dangereuse des Bermudes; mais il n'est nullement question d'élever des ouvrages défensifs pour le moment.

Ces modifications apportées dans la défense des États-Unis en amèneraient de semblables au Canada; surtout si sa richesse, comme tout le fait présager, continue sa marche ascendante.

Les ouvrages de campagne actuellement suffisants feront place à des ouvrages permanents, et de profondes modifications naîtront dans le système de défense de ce pays au fur et à mesure des progrès que pourront faire subir à l'organisation défensive de leur pays, les Américains. Plus que partout ailleurs, aux colonies la défense nécessite des transformations et des retouches continuelles; car si le terrain varie peu, les forces en présence sont essentiellement variables, puisqu'elles croissent avec la richesse du pays.

Ces îles dont une quinzaine au plus sont habitées dominent et surveillent les États-Unis. Elles forment au milieu de l'Océan un tout fortement constitué et difficilement abordable par l'ennemi. Elles ont environ 50,000 milles de circonférence et sont assises sur un récif de corail à 200 lieues de la Caroline et à 900 de la France. Entou-

BERMUDES

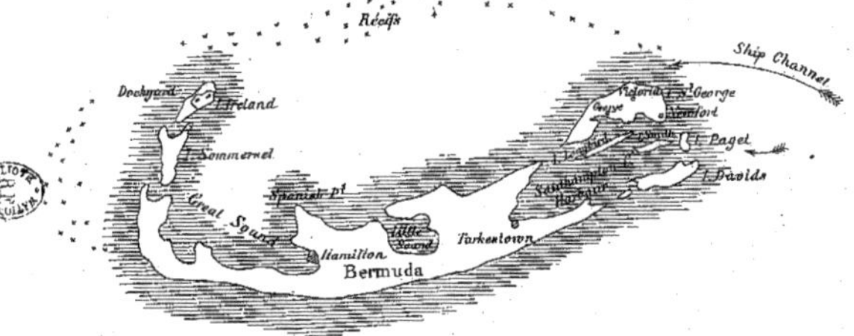

rées de rochers et de récifs, on ne peut y aborder qu'en venant de l'est et en suivant un long chenal battu par les ouvrages de l'île Saint-George et de l'île Paget. Du côté du nord, de l'ouest et du sud, les récifs forcent à se tenir éloignés à cinq lieues des terres.

Reefs
Ship Channel
Dockyard
Ireland
Sommernet
Victoria
St George
Great Sound
Spanish pt
Hamilton
Little Sound
Turkestown
Bermuda
Washington Harbour
Paget
St Davids

Ce n'est pas à l'Angleterre qu'on doit la découverte des Bermudes : ce fut Jean Bermudès, un Espagnol, qui le premier y aborda et leur donna son nom. Le nom d'îles d'Été que leur octroient certains géographes provient du naufrage de George Summer's en 1609 qui vint y échouer et ne put s'en échapper que difficilement. En 1611, l'Angleterre les occupa et en 1616 elles devinrent la propriété d'une Compagnie.

En 1623, elles comptaient 3,000 habitants; au commencement de ce siècle, le chiffre de la population s'élevait à 18,000 âmes. Le climat est fort salubre ; la température moyenne est de 15° et l'on y cultive heureusement le maïs et la plupart des produits européens.

La plus grande des îles porte le nom de Bermuda ou Mainland, la plus septentrionale celui de Saint-George.

D'ailleurs toutes les îles de l'archipel sont peu éloignées les unes des autres et sont séparées seulement par des passes fort étroites; elles forment ainsi de grandes rades bien abritées où les bâtiments même d'un fort tirant d'eau peuvent venir mouiller.

L'île *Saint-George* a une lieue de long sur un tiers de lieue de large. C'est une très belle île, bien bâtie et offrant un très bon port. Le port Saint-George est entouré de plusieurs îles et l'on ne peut y pénétrer qu'en passant entre les îles Paget et David's. Le seul danger que court l'île est celui d'une descente possible du côté nord, où aboutit le Ship-Channal (passe que peuvent suivre des bâtiments d'un tirant d'eau un peu considérable). Autrefois les forts « 3 Canons, Warwick, Sall » protégeaient l'île de ce danger, actuellement les Anglais ont construit dans l'île Saint-George les forts : Sainte-Catherine, Victoria, Albert, Villiams, Georg et les batteries de Newfort. L'entrée de la baie est fermée par le fort « Cunningham » qui bat de ses feux le Ship-Channal. L'île David est aussi grande que l'île Saint-George; elle a une lieue de long, ses côtes sont fort escarpées et sont défendues par des rochers sous eau. La pointe Est se nomme « Cap David's ».

L'île *Longbird* forme avec l'île Saint-George un canal qui permet aux bâtiments d'un faible tirant d'eau de pénétrer dans la baie.

La Grande-Bermude ou Mainland forme avec les deux dernières une vaste baie nommée « Southampton Castle harbour », bordée par plusieurs îles au sud. La passe, qui a seulement 250 toises de large, est protégée par les forts du château Roy et Pembroke. Sur la baie se trouve Turkerstown qui est bien déchue de ce qu'elle était autrefois. La baie a cinq quarts de lieue de long et trois quarts de lieue de large ; mais les abords et l'entrée en sont fort dangereux. Bermuda offre plusieurs baies dont les deux plus grandes sont Little Sound et Great Sound. La grande baie seule est d'un accès facile et est fermée par les îles Bermuda, Sommerset et Ireland ; on y pénètre par deux passes dont l'une est proche de la pointe espagnole, et l'autre, située non loin de l'île Ireland est de beaucoup la meilleure.

C'est dans l'île d'Ireland que se trouvent les Dock-
yards, les arsenaux et les établissements de la marine.
En hiver, les Bermudes sont la station navale de la divi-
sion anglaise de l'Amérique Nord et des Antilles. Les
forces militaires sont de: un bataillon d'infanterie, quatre
compagnies du génie, deux batteries de place, en tout
1,600 hommes.

La défense de ces îles peut se fractionner en trois
groupes. Le fort Victoria, dans l'île Saint-George, est le
réduit du premier groupe qui défend la passe orientale.

Le deuxième groupe, celui de l'île Ireland, protège les
docks et consiste en deux forts bastionnés dont le premier
date du premier Empire, le second de 1830.

Le troisième groupe, celui d'Hamilton, tout récent et
fort peu connu encore, consisterait, d'après Brialmont,
en trois lunettes casematées occupant le centre de l'île et
couvrant Hamilton. Ces ouvrages couvrent le Dockyard
qui sans cela pourrait être bombardé des hauteurs d'Hamilton; ils renforcent l'étroite et longue île de la Grande-
Bermude et rendent difficile l'investissement du premier
groupe. Ces lunettes seraient, paraît-il, entourées d'enve-
loppes ou parapets en terre et se compléteraient par des
tranchées-abris.

Le fort Cunningham est de tout le système le plus
menacé; aussi est-il cuirassé. Maître de ce fort, l'ennemi
ne serait pas longtemps à le devenir des îles David et
Smith, mais pour s'emparer de toutes les îles de l'Archipel,
il lui faudrait enlever les nouveaux ouvrages d'Hamilton.

Atlantique central.

De nombreux événements sont venus augmenter la supériorité anglaise dans cette partie de l'Atlantique. La révolte et l'émancipation des colonies espagnoles ont fait disparaître le grand péril d'une alliance franco-espagnole, en ne laissant subsister sur les bords de l'Atlantique central et méridional que des États impuissants; l'abolition de l'esclavage en Amérique a été aussi fort profitable aux intérêts anglais dans les Indes; le percement de l'isthme de Panama, les rapports nouveaux du monde civilisé avec l'Afrique changeront profondément l'état de choses actuel en y ramenant l'activité et la vie.

Indes occidentales ou Antilles anglaises. Bahamas, Jamaïque et Petites-Antilles.

Les *Antilles* assurent le commandement de la rive occidentale de l'Atlantique au profit de l'Angleterre. Aux mains d'une autre puissance possédant une flotte, elles menaceraient par une action de flanc ou de revers les communications des Indes par la Méditerranée et le Cap avec la Grande-Bretagne. C'est ce qu'avait fort bien compris Napoléon Ier en donnant ordre à la flotte d'agir aux Antilles pour y attirer la flotte anglaise par la menace de ce danger et débarrasser la Manche des bâtiments anglais qui gênaient tout débarquement.

Les Anglais occupent par la Jamaïque le cœur des Antilles et surveillent de là les agissements de l'Amérique centrale.

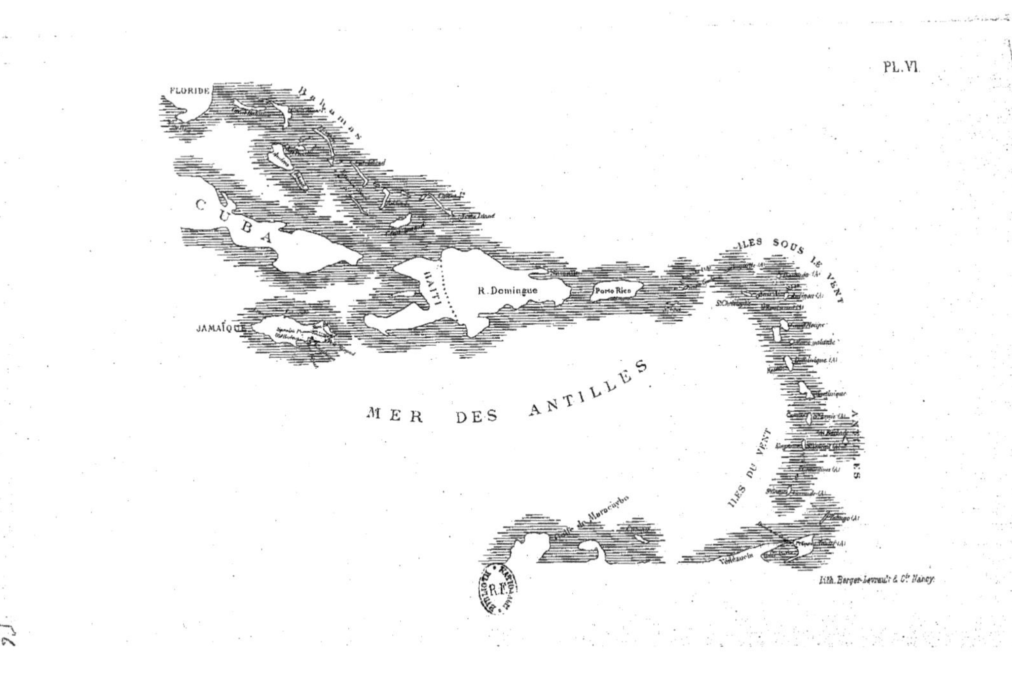

FLORIDE
Bahamas
CUBA
JAMAÏQUE
HAÏTI
R. Domingue
Porto Rico
ILES SOUS LE VENT
ILES DU VENT
ANTILLES
S. Christophe
Montserrat (A)
Guadeloupe
Marie Galante
Dominique (A)
Martinique
Ste Lucie (A)
La Barbade
St Vincent (A)
Grenadines (A)
Grenade (A)
Tabago (A)
Trinidad (A)
Venezuela
Golfe de Maracaybo
MER DES ANTILLES

Il y a longtemps déjà, à l'époque des flibustiers qui écumaient la mer du Mexique et celle des Antilles, les Anglais avaient menacé d'occuper la bassure qui de la baie de Saint-Jean del Norte ou de celle de la rivière d'Ulea aboutit à la baie de Fonseca. Ils auraient été ainsi les maîtres de l'île du Tigre, position naturelle dominante et, en beaucoup de points, offrant de l'analogie avec Gibraltar. Ils auraient ainsi complètement dominé Honduras; et il aurait été bien difficile de les déloger de cette position.

Parmi ses possessions aux Antilles, l'Angleterre en possède un grand nombre de peu d'importance. Mais les Bahamas et la Jamaïque jouissent de propriétés exceptionnelles, elles barrent le Mississipi, séparent le Mexique des îles de l'océan Atlantique et pèsent fortement sur Cuba et Haïti.

Bahamas. — Le plateau des *Lucayes* s'étend sur 1,400 kilomètres de long, et sur une largeur moyenne de 300 kilomètres. Il présente plusieurs centaines d'îles séparées par des canaux d'une navigation difficile et dangereuse qui serviraient de nids d'aigle aux croiseurs pour inquiéter l'ennemi et isoler le golfe du Mexique de l'océan Atlantique.

Plus que jamais une pareille menace serait sensible aux États-Unis qui ont accru dernièrement l'importance commerciale du Mississipi en le faisant suivre par la nouvelle voie ferrée de San-Francisco à la Nouvelle-Orléans.

Ils ont si bien compris tout le danger de ces îles qu'il est question de couper la Floride par un canal et qu'ils ont fortifié la Key-West (au sud de la presqu'île) pour maintenir la jonction des deux mers du Mexique et de l'Atlantique.

Mobile et la Nouvelle-Orléans, les deux grands débouchés commerciaux de l'Est, Galweston, le débouché des États de l'Ouest, Key-West et Tortugas-Key sont fortifiés.

Les Bahamas furent découvertes par les Espagnols et occupées par les Anglais en 1667. Les divers établissements qui y avaient été élevés furent abandonnés en 1703, à la suite d'un pillage entrepris par les Espagnols et les Français.

Au centre du groupe se trouve l'île Providence d'où l'on rayonne partout et qui, après 1703, fut occupée par les pirates. Le Parlement anglais en ayant demandé la destruction, Georges Ier y envoya deux vaisseaux de guerre qui rétablirent dans l'archipel la domination anglaise.

Ces îles se divisent en grandes et petites Lucayes. L'île Longue, qui a plus de 18 lieues sur 3 de largeur, n'est pas habitée. Catisland offre un bon mouillage au sud. L'île d'Œthera a été une des premières colonies, mais sur plus de 3,000 îles composant l'archipel, 20 à peine sont habitées et n'offrent que deux bons mouillages, ceux de Nassau dans l'île Providence et celui de l'île Œthera.

Jamaïque. — Cette grande île, abondante en ressources de toutes espèces, bien arrosée, surveille le débouché sud du golfe du Mexique et occupe une position centrale vis-à-vis Cuba, Saint-Domingue, le Mexique et l'Amérique centrale. Son action sur le Mexique est bien limitée et se borne à Tampico et à Vera-Cruz. Mais l'Amérique cen-

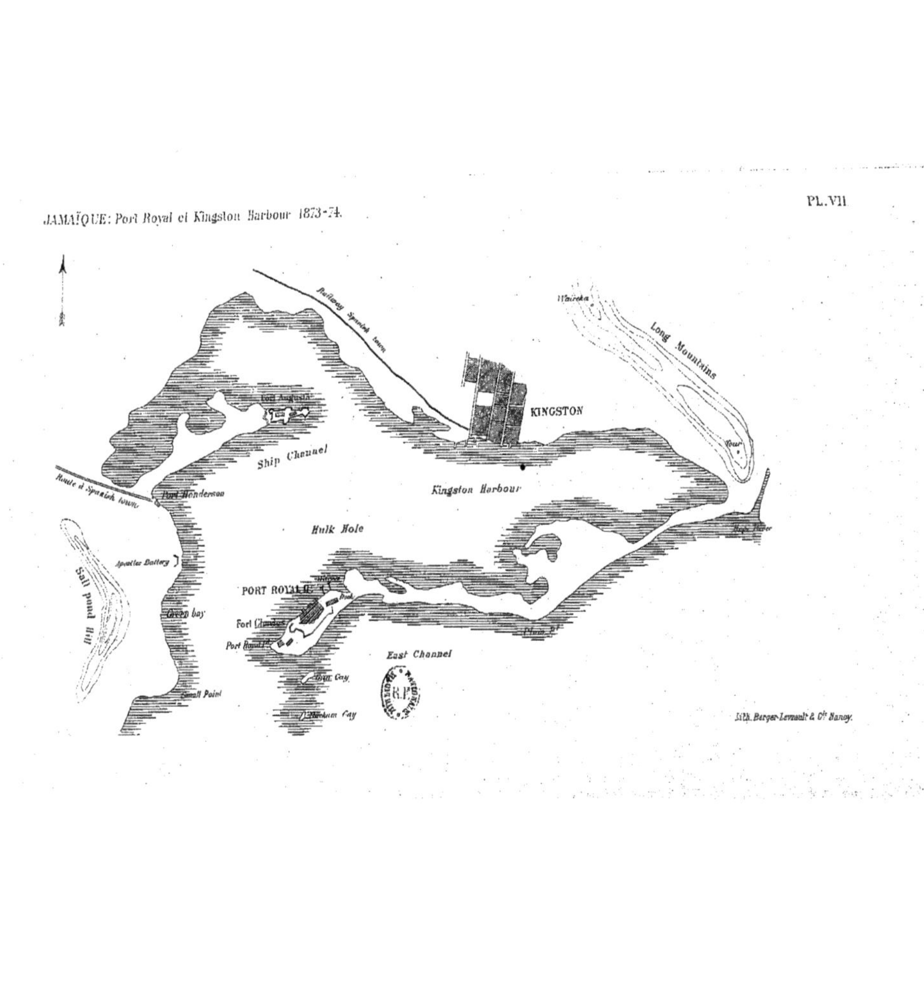
JAMAÏQUE: Port Royal et Kingston Harbour 1873-74.
Railway Spanish town
Waireka
Long Mountains
Tour
Fort Augusta
KINGSTON
Ship Channel
Kingston Harbour
Route de Spanish town
Port Henderson
Hulk Hole
Salt pond Hill
Apostles Battery
Green bay
PORT ROYAL
Fort Charles
Port Royal
East Channel
Gun Cay
Small Point
Drunken Cay
Lith. Berger-Levrault & Cie Nancy.

trale avec la remarquable dépression qui forme la plaine de Honduras et qui aboutit au golfe de Fonseca, serait beaucoup plus sensible à la pression maritime.

La défense de la Jamaïque a été concentrée sur la magnifique baie de Port-Royal Kingstown, dont les principaux ouvrages sont le fort Augusta et le fort Charles à l'ouest de la passe.

Les approches par terre sont difficiles et nécessitent la possession des défilés faciles à mettre en état de défense. Les derrières de Kingstown sont appuyés par la position de Stow-Hill à 9 milles au nord de cette ville. L'attaque normale la plus convenable semble devoir s'appuyer sur le Port-Morand à l'est de l'île.

Le fort Rock, actuellement remplacé par une tour martello, était destiné à former le défilé qui longe la mer et conduit de Port-Morand à Kingstown.

Il faut encore mentionner comme ayant une certaine importance : Port-Antonio, autrefois défendu par une batterie demi-circulaire ; Falsmouth, avec un petit fort à la pointe Palmetto ; Lucca, à l'extrémité occidentale de l'île et se prêtant bien à la défense territoriale de l'île, Spanishtown enfin, capitale de l'île et à l'ouest de Port-Royal, est bien difficile à relier à Port-Royal parce que les communications longent la mer et sont serrées au nord par les montagnes.

Petites-Antilles. — Les Petites-Antilles (îles sous le Vent et îles du Vent) barrent l'entrée orientale du bassin de la mer des Antilles et se partagent en deux groupes principaux. Le groupe du nord, qui comprend les six colonies d'Antigoa, de Montserrat, de Saint-Christophe, de

Névis, de la Dominique et des îles Vierges, forme une seule colonie fédérale dont la capitale est Antigoa. Barbuda au nord relève directement d'Antigoa.

Antigoa est avec la Dominique l'île la plus importante du groupe : elle offre de bons ports, mais d'un accès difficile. Ce sont les ports de Saint-Jean, port Anglais et de Falmouth. Bien qu'elle se trouve sur la route directe de la Jamaïque à l'Angleterre, Sainte-Lucie lui a été préférée comme centre de défense des Petites-Antilles. Antigoa est de forme ovale ; sa côte est fort irrégulière, coupée de nombreuses baies et entourée de récifs et d'écueils qui en rendent l'approche dangereuse, sauf au sud-ouest. Saint-Jean et Falmouth sont défendus par des forts : le fort Charlotte, les ouvrages de Dow'shill et de Monkhill qui autrefois servaient de refuge aux femmes et aux enfants en cas d'invasion ou d'insurrection nègre. Un petit arsenal militaire est installé à Englisharbour, avec un hôpital de la marine sur une hauteur voisine. (Voir le plan.)

La *Dominique* sépare la Guadeloupe de la Martinique, en intercepte les communications d'une manière fâcheuse et peut, en temps de guerre, nuire beaucoup à leur commerce. Cette île de formation volcanique s'étend du nord au sud en forme de croissant aplati et allongé, la convexité à l'ouest, sous le vent. C'est de ce côté que se trouvent les deux principales positions : Roseau, la capitale de l'île au sud, et la baie Rupert au nord. La descente pour enlever l'île peut s'opérer facilement tout le long de la côte occidentale ; et, en 1778, c'est ce qui eut lieu. Roseau pris, la défense ne put se prolonger longtemps.

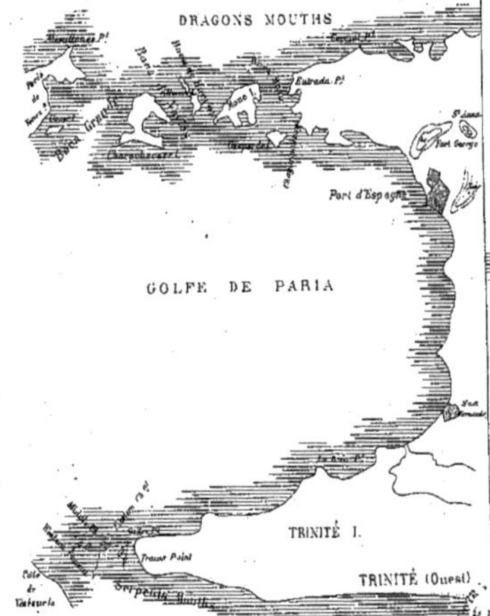

PL. VIII
PETITES ANTILLES
DRAGONS MOUTHS
GOLFE DE PARIA
TRINITÉ I.
TRINITÉ (Ouest) 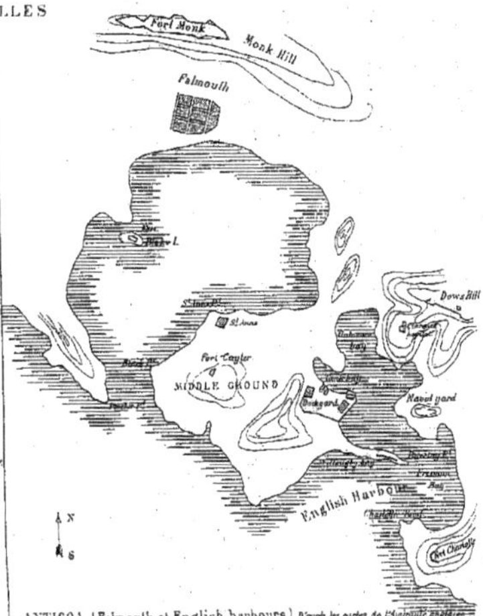
Entrada Pt
Port d'Espagne
Fort George
Traous Point
Serpents Mouth
Côte de Vateurs
ANTIGOA (Falmouth et English harbours)
Fort Monk
Monk Hill
Falmouth
MIDDLE GROUND
Fort Taylor
English Harbour
Naval yard
Dows Hill
N
S
Lith. Berger-Levrault & Cie Nancy.

Montgommery-Martin considère la presqu'île qui domine la baie du Prince-Rupert comme le réduit de l'île et lui trouve des propriétés analogues à Gibraltar. Ce réduit est formé par deux éminences rocheuses et parallèles courant du nord au sud : East-Cabri (473 pieds) et West-Cabri (623 pieds); mais les progrès de l'artillerie actuelle ont bien diminué la force de cette position comme la valeur des ouvrages du Roseau.

Groupe du Sud. — Le groupe du Sud ou îles du Vent comprend : la Barbade, Sainte-Lucie, Saint-Vincent, Grenade et Tabago.

La Barbade. — Sa position, la plus au vent, lui a donné longtemps une grande importance et elle est encore la capitale du groupe, quoique, sous le rapport militaire et maritime, elle cède le pas à Sainte-Lucie. Elle a, comme la Dominique, la forme, d'un croissant, mais la convexité se trouve à l'ouest. L'île est entourée par un récif de corail, situé à trois milles du rivage; ce qui en rend les approches très dangereuses.

Elle est généralement basse, excepté à la partie nord-est, où elle s'élève à 1,100 pieds au-dessus de la mer.

La base de la défense est le fort Sainte-Anne, au sud de la baie de Carlisle; il est petit, mais, d'après Montgommery-Martin, capable d'une bonne défense. Il contient un arsenal et des magasins.

La grande importance militaire de l'île avait fait autrefois garnir toute la côte ouest de batteries et de redoutes; la vapeur, en permettant aux vaisseaux de ne plus tant donner d'importance au vent, a amené la ruine de la Barbade.

Sainte-Lucie. — Sainte-Lucie a la forme d'un triangle allongé du sud au nord, la base au midi. Elle est montagneuse, bien boisée, bien arrosée et a un excellent port : le port de Castries qui présente toutes les qualités propres à un arsenal maritime. Aussi le rapport de l'inspecteur général des fortifications, rapport dont il a été fait mention dans la première partie de ce travail, alloue-t-il 48,000£ au port Castries.

Sainte-Lucie centralise la défense des Petites-Antilles et offre un immense avantage sur Antigoa par sa position : elle surveille bien la Martinique et protège mieux la Barbade.

Le port Castries est excellent : 30 vaisseaux de ligne y sont à l'abri sans amarrer et le vent est toujours favorable pour sortir. Le port est protégé au sud par une série redoublée de ravins, de hauteurs et de défilés.

L'anse du Choc au nord a été considérée depuis longtemps comme la partie faible de la position ; mais maintenant elle se trouve sous le feu de Castries ou mieux sous ceux de la batterie élevée à la pointe Vigie.

Saint-Vincent est peu importante.

Grenade et Grenadines. — Grenade a la forme si commune aux Antilles d'un croissant allongé dont la convexité est tournée vers l'ouest. Montagneuse, boisée et bien arrosée, elle était importante par sa proximité des colonies hollandaises et espagnoles et c'est dans cette île que se trouve le port Saint-George. Les hauteurs qui le dominent ont été couvertes de forts (forts Saint-George, Lucas, Frédéric).

Tabago. — Tabago a la forme d'un parallélogramme

très allongé, s'étendant du nord-ouest au sud-est. Les
deux tiers de l'île sont couverts de forêts ; la partie nord
est inaccessible, la partie méridionale se termine vers la
mer en terrains bas ou en plaines légèrement accidentées.
Scaborough, la ville principale, est au sud-ouest de Tabago ; elle est défendue par le fort Saint-George, élevé sur
une colline de forme conique à l'ouest et de 422 pieds de
haut.

L'importance de cette île comme celle de Grenade consistait en sa proximité des possessions hollandaises et
espagnoles.

La Trinité. — Située à proximité de l'Orénoque, de
l'île hollandaise de Curaçao et de la lacune de Maracaïbo,
cette île est dans les conditions les plus avantageuses aux
points de vue : commerce, force maritime et importance
politique. Sa population ne fait que s'accroître et s'élève
à 125,000 âmes. Elle a la forme générale d'une hache
dont le tranchant du fer serait tourné au nord et le
manche orienté de l'oüest à l'est : dessinés tous deux nettement par deux chaînes de hauteurs qui rendent inaccessibles les côtes septentrionales et méridionales de l'île.
La côte orientale est au vent ; seule la côte occidentale
est abordable ; c'est là aussi que se sont développées la
vie et la richesse du pays. Deux passages compris entre
l'île et le continent permettent d'accéder dans le golfe
Paria ; ce sont : les bouches du Serpent, passes du sud,
difficiles à cause des courants et des limons de l'Orénoque ;
et les bouches du Dragon, aisées et commodes. La capitale, Port-d'Espagne, se trouve naturellement au nord
de la côte ouest, au pied des montagnes, à l'endroit de la

grande plaine le plus rapproché des bouches du Dragon. C'est le vrai débouché de l'île. Le centre de défense de l'île, le fort Saint-George, a été installé à la naissance des montagnes entre Port-d'Espagne et la magnifique baie de Chagarama. Un autre petit fort, le fort Abercromby, défend le port de Las-Cuevas au nord. Le port de Chagarama, à trois lieues à l'ouest de la capitale, est le port le meilleur et le plus sûr de l'île; il peut recevoir les plus gros vaisseaux de guerre.

Honduras britannique. — Bordée au nord par le Yucatan, au sud par Guatemala, à l'est par la baie de Honduras, cette possession anglaise compte 24,700 habitants. Le climat est chaud, humide, mais exempt de fièvre par suite de l'action rafraîchissante de la brise de mer.

La capitale, Bélize, à l'embouchure et sur les deux rives de la rivière de même nom, est au centre d'une côte extrêmement plate et est protégée par le fort George. Bélize fait un commerce de bois d'une certaine importance et surveille la dépression qui traverse le Honduras où il a été si souvent question d'établir un chemin de fer aboutissant à la baie de Fonseca, en face l'île du Tigre.

L'île de Roatan et Truxillo sont les objectifs les plus importants du golfe de Honduras. Ils suppléeraient à l'insuffisance du port de Bélize et donneraient pied dans la direction la plus avantageuse sur le Centre-Amérique.

Guyane britannique. — Cette colonie, située entre le Vénézuela et la Guyane hollandaise dont elle est séparée par la rivière Corentyne, a été enlevée à la Hollande, comme la Trinité à l'Espagne, pour permettre à l'Angleterre de se mettre en garde contre une alliance de ces puissances avec la France, s'assurer l'action la plus puissante possible sur l'Atlantique et préparer l'émiettement de l'Amérique latine. Les Anglais espéraient y trouver un appui, une base de ravitaillement pour la Trinité. Population : 233,000 habitants. La capitale, Georgetown, sur la rive droite de la Dimerara, est protégée par les forts Willams et Frédérick. New-Amsterdam, sur la Berbize, a trois ouvrages qui défendent l'entrée de la rivière.

Iles Falkland. — Ces îles sont au nombre de 2 principales et 200 petites. Elles gardent la route occidentale des îles Britanniques au Pacifique et à l'Australie. Entre nos mains, elles nous auraient été très utiles pour établir une communication indépendante de l'Angleterre avec la Cochinchine. Malgré l'ouverture du canal de Panama, elles permettront encore de surveiller le Chili et la République Argentine. Il n'est pas établi de défense sur ces îles dont la population s'élève à 900 habitants. La capitale est Stanley dans East-Falkland, séparé de West-Falkland par Falkland-Sound.

Le Cap. — Cette colonie ne sera que mentionnée ici ; son action principale a en effet surtout lieu du côté de l'océan Indien, vers lequel est tournée sa partie territoriale la plus importante et la plus étendue. Elle soutient Sainte-Hélène et l'Ascension, commande la route de l'Atlantique à l'océan Indien et servirait d'appui aux croiseurs, manœuvrant sur cette zone de l'océan Atlantique, au centre des principales routes commerciales conduisant d'Europe en Amérique.

Sainte-Hélène. — Cette île avait beaucoup d'importance avant le percement de l'isthme de Suez comme lieu de ravitaillement des bâtiments allant aux Indes orientales. Son importance, bien que diminuée, n'a pas cessé. L'île se trouve sur le chemin de Sierra-Leone au Cap ; elle exerce une grande influence sur l'océan Atlantique méridional, surveille le Brésil et serait dans ces parages un puissant appui aux croiseurs.

Sainte-Hélène est à 400 lieues des côtes d'Afrique, à 700 de celles d'Amérique et à 200 de l'Ascension. Une crête centrale en demi-cercle de Castle-Rock et des Oreilles-d'Ane à Greatstonetop sert de ligne de départ à une série de vallées divergentes au nord et convergentes au sud. Les vallées sont profondes, multipliées, à bords escarpés et rendent l'intérieur de l'île d'un parcours difficile. La partie nord-est seule, Longwoodplain, Dreadwoodplain, présente un sol moins déchiqueté, des plateaux plus larges et d'un accès moins pénible.

Le littoral est bordé d'escarpements ; la mer, n'y trouvant aucune plage, bouillonne en grosses houles. Sainte-Hélène n'est accessible que par quelques anses : Prosperousbay à l'est, Sandybay au sud-est, Semonsvalley et Ruppertsbay au nord-ouest. L'attaque ne serait guère praticable que par Ruppersbay et Prosperousbay ; un débarquement y serait chanceux, mais conduirait au terrain offrant le moins d'obstacles. Sainte-Hélène n'a qu'un mouillage : celui de James-Walley au nord-ouest, sous le vent de l'île. Quoique ce mouillage soit bien abrité et d'un libre accès, le ressac est quelquefois si fort, surtout en janvier et en février, que les canots souvent ne peuvent pas accoster pendant plusieurs jours.

La défense de Sainte-Hélène a été organisée depuis longtemps avec grand soin, quoique la nature ait rendu l'île presque inabordable. On a établi de nombreuses vigies pour dominer la mer et élevé un grand nombre de points fortifiés, de batteries de côtes bien munies d'artillerie. Les dernières améliorations au système de défense datent de 1787-1801 et ont été faites sous le gouvernement du colonel Brooke.

L'Ascension. — Cette île a été occupée par l'Angleterre lors de la captivité de Napoléon Ier pour surveiller Sainte-Hélène. Elle complète les propriétés de Sainte-Hélène et assure son action sur l'Atlantique méridional, sur les rivages opposés de l'Amérique du Sud et sur ceux de l'Afrique. Elle est à 270 lieues de la Guinée, à 400 du Brésil, et à 480 du Cap-Vert. Sa forme est celle d'un triangle dont le sommet est à l'est, la base à l'ouest; C'est un énorme bloc montagneux, d'origine volcanique, qui compte sept milles de longueur de l'est à l'ouest sur une largeur de six milles du nord au sud. Un débarquement n'est possible qu'à Sandibay, au nord-ouest; ce port est protégé par une batterie demi-circulaire, nommée fort Tornson. Georgetown, capitale de l'île, est située près de ce mouillage. La population de l'île n'est guère que de 700 habitants, en partie soldats de la marine royale.

Établissements de l'Afrique occidentale.

I Sierra-Leone. II Gambie. III Cap Coast-Castle. IV Lagos. V Elmina et Guinée hollandaise.

Sierra-Leone. — Sierra-Leone est la base des établissements anglais de l'Afrique occidentale. Cette position est très importante par son action maritime et son action continentale. Elle complète la menace de l'île Sainte-Hélène et de l'Ascension sur les côtes du Brésil. Elle soutient les établissements en flèche de la Gambie, couvre ceux de la côte de Guinée, appuie le dépôt de charbon de Saint-Vincent, clef des îles du Cap-Vert, d'où l'on pourrait bloquer notre colonie du Sénégal, menace Timbo qui commande le terrain entre le Niger et la Sénégambie et peut ainsi prendre de flanc nos communications de Saint-Louis à Tombouctou. La population est de 37,000 âmes, dont 130 blancs seulement. L'établissement comprend les îles de Los au nord et de Sherboro au sud, qui empêchent le blocus de Sierra-Leone.

Free-Town, la capitale de l'île, n'a actuellement que quelques défenses peu importantes : Batterie nord, batterie sud, batterie de la pointe du Roi-Tom et, du côté de la terre, le fort Thornton.

Gambie. — Les établissements de la Gambie se composent de Bathurst, la capitale, à l'embouchure de la Gambie et de plusieurs forts : fort Abréda, fort James, fort George, fort Pisania, sur la Gambie, permettant de commercer avec les nègres du pays. Population : 14,190 habitants.

Colonies de la côte d'Or et Lagos. — Appolonia, Axim, Discave, Secondée, Elmina, Cap Coast-Castle, Anamaboe, Apamos, Jamestown, Accra, Christiansbog, Frederickbay, Addah et Quitta, Leckee, Palma, Leggu et Badagry. Ces établissements, occupés d'abord pour la traite des noirs, sont maintenant dirigés contre cette traite et servent de

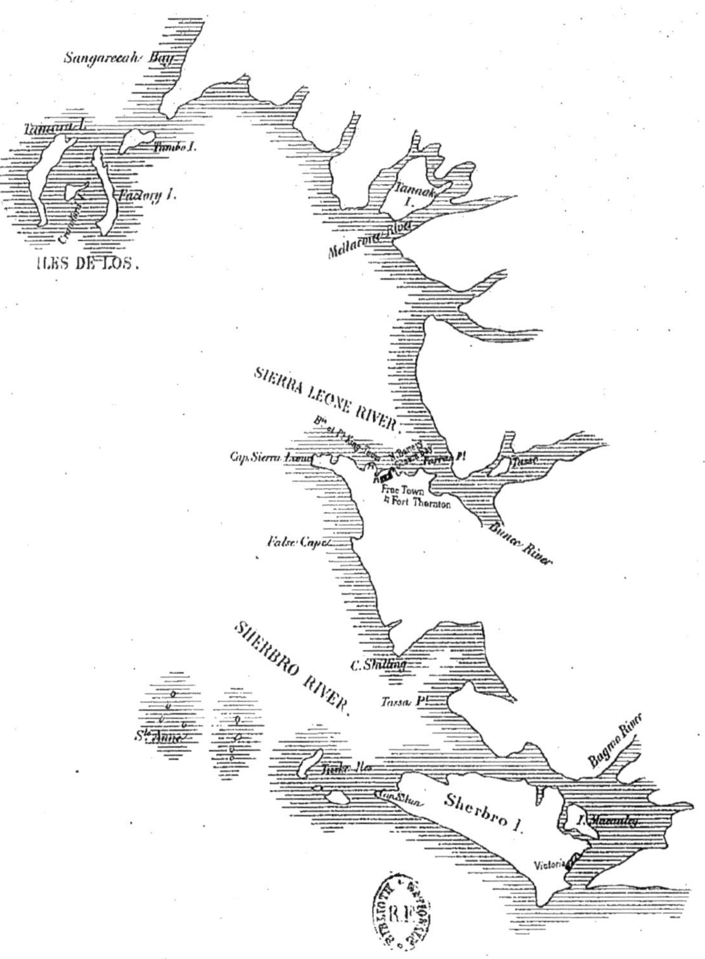

SIERRA LEONE, Iles de Los et Sherbro.
Sangareah Bay
Tamara I.
Tombo I.
Factory I.
ILES DE LOS.
Tannah I.
Mellacorée River
SIERRA LEONE RIVER
Bte et Pte King Tom
Cap Sierra Leone
Free Town
& Fort Thornton
Farren Pt
Tasso
Bance River
False Cape
SHERBRO RIVER
C. Shilling
Tassa Pt
St Anne
Bagroo River
Turtle Iles
Cap St Ann
Sherbro I.
I. Macauley
Victoria

comptoirs. La partie la plus importante de cette côte entre Free-Town et l'embouchure du Niger paraît être l'élargissement du littoral situé en arrière du cap Coast, et est occupée par les Achantis, qui dominent toute la région jusqu'aux monts Kong sur le bassin du Niger. Lagos, le territoire du Niger, a été réuni à celui de la côte d'Or en 1874, afin de former un seul gouvernement. Nous occupons entre Lagos et la côte d'Or des postes d'où les Anglais cherchent à nous évincer pour relier l'embouchure du Niger à ce terrain de la côte d'Or. Dernièrement, à la suite de l'occupation de plusieurs postes par les Allemands au sud de Cameron, l'Angleterre s'est établie à la baie d'Ambas et sur les hauteurs de Calabar pour barrer aux Allemands le chemin direct du Niger. Par l'occupation de la baie de Wollish, elle semble vouloir resserrer au nord l'établissement allemand d'Angra-Pequena.

Méditerranée.

Les îles Britanniques commandent le flanc nord de l'Europe ; l'Angleterre a voulu depuis longtemps prendre position dans la Méditerranée pour avoir des actions sur son flanc sud. Avec ses îles, ses presqu'îles, ses golfes, ses baies, ses riches et nombreuses cités du littoral, l'Europe méridionale est très sensible à l'action maritime. Ayant tout à craindre des marines riveraines du bassin méditerranéen, l'Angleterre dirige tous ses efforts pour empêcher l'alliance de la France, de l'Espagne et de l'Italie, pour surveiller les débouchés de la Russie sur la Méditerranée et pour y prendre fortement pied.

Durant les derniers siècles, l'océan Atlantique était le théâtre des luttes pour la domination maritime ; l'Amérique, pôle attractif des puissances européennes, jouait un rôle analogue à celui de l'Orient actuel. C'est sur l'Atlantique que, fort probablement, nous aurions pu porter un coup décisif à la puissance anglaise par une alliance solide avec l'Espagne, des projets arrêtés et suivis et une opinion publique éclairée et patriotique. Avec l'Espagne nous pouvions nous rendre maîtres du nouveau monde et, avec ses ressources, dominer l'ancien et diriger les événements pour ainsi dire au gré de nos désirs.

L'Orient n'offrait pas alors les mêmes avantages que l'Amérique, ses communications étaient longues, difficiles et aisées à couper. Aussi s'expliquait-on facilement le refus donné par Louis XIV aux projets de Leibnitz ; nous pouvions alors frapper plus mortellement l'Angleterre sur l'Atlantique qu'en tentant d'occuper l'Égypte pour atteindre les Indes.

Après la perte des colonies françaises du Nord-Amérique, et avec l'extension considérable des Indes, la Méditerranée devient le théâtre de la lutte pour la suprématie maritime. Napoléon Ier s'efforce d'en faire « un lac français » et tente en vain à plusieurs reprises de s'y établir solidement.

Les essais en Égypte et en Syrie, ses tentatives pour dominer la Grèce par les îles Ioniennes, échouent et l'Angleterre sort de la lutte plus forte que jamais. La Méditerranée est dominée par une puissance autre que la nôtre, tandis qu'avec le Rhin comme bouclier, cette mer pouvait devenir « l'épée de la France » pour menacer les contrées méridionales de l'Europe.

Tout contribue actuellement pour donner à cette mer une importance incalculable et toujours croissante : c'est la voie internationale de l'ancien monde, elle met à même d'agir dans le cas de partage de l'empire Ottoman, et par le percement de l'isthme de Suez, elle est la route la plus rapide vers les Indes.

Dans notre situation actuelle, la Méditerranée serait le théâtre d'une lutte directe dirigée contre l'Angleterre. C'est là que nous lui ferions le plus de mal, là où nous pourrions élever le mieux des obstacles permanents à sa puissance et où l'on trouverait les plus nombreux points d'appui pour menacer par terre et par mer la route des Indes. C'est sur la Méditerranée que s'effectuerait l'union des deux flottes française et russe, et l'Archipel offrirait un refuge excellent à nos croiseurs pour maintenir la liaison des deux flottes.

La domination de la Méditerranée par l'Angleterre se fait par ses possessions de Gibraltar, de Malte, de Chypre et de l'Égypte, qui lui assurent la voie des Indes tout en servant de points d'appui à sa flotte de guerre.

Gibraltar.

Détroit de Gibraltar. — Le détroit de Gibraltar s'étend du sud-ouest au nord-est sur une longueur de huit milles allemands. Ses deux rives en arc de cercle sont à peu près parallèles. Son entrée entre le cap Spartel et le cap Trafalgar a une largeur de 40 kilomètres ; cette largeur diminue graduellement jusque vers Tarifa, où le détroit ne mesure plus que 18 kilomètres environ. Il augmente ensuite de largeur et à l'extrémité orientale, à son débouché dans la Méditerranée, il a 25 kilomètres entre Gibraltar et Ceuta.

Le littoral de Gibraltar à Algésiras est bas et sablonneux, les hauteurs ne commencent qu'à quelque distance de la mer. Algésiras est une petite ville avec un port étroit et peu profond : elle est défendue du côté de la mer par l'île Verte et trois anciennes batteries. D'Algésiras à Tarifa, la côte est escarpée et rocheuse, à l'exception de quelques baies resserrées où le littoral est sablonneux. Tarifa est une ville peu considérable, entourée d'une vieille enceinte; elle se rattache à une île, de forme à peu près ronde et de 450 mètres de diamètre.

En 1859, des fonds ont été accordés pour la défense de cette île et pour la construction d'un fort à élever au sommet du Chamozzo, sur le continent et à un kilomètre environ de l'île. Une partie du projet seulement a été réalisée : on a entouré l'île d'un parapet de terre de huit mètres d'épaisseur et on a établi 15 batteries de forme demi-circulaire au sud-est et au sud-ouest de l'île.

De Tarifa au cap Trafalgar, peu de bons mouillages : la côte est plate presque partout et la mer pleine de basfonds. Les meilleurs ancrages sur la côte espagnole se trouvent dans la baie de Gibraltar ou d'Algésiras.

Sur la rive africaine, Ceuta est une place espagnole de grande importance et possède des fortifications considérables; malheureusement son armement laisse beaucoup à désirer.

Le djebel Sidi-Moussa ou montagne des Singes est le point le plus rapproché de la côte espagnole. Il est situé en face de Gibraltar et d'Algésiras, à environ 12 milles marins à l'ouest de Ceuta et a été reconnu, il y a quelque temps, par des officiers et des ingénieurs anglais. Rocher inaccessible du côté de terre, des navires peuvent en peu de temps y transporter du canon et faire de cette hauteur une annexe fort utile de Gibraltar.

La plus grande partie de la côte, de Ceuta au cap Spartel, est dangereuse, parsemée de nombreux écueils. Tanger, sur l'Atlantique, se relierait bien au djebel Moussa et aux mains des Anglais leur assurerait la possession complète du détroit.

Forteresse de Gibraltar. — Le rocher de Gibraltar s'élève à l'extrémité de la presqu'île sablonneuse qui forme la côte orientale de la baie d'Algésiras. L'isthme dépasse à peine le niveau de la mer et a environ 1,750 mètres de large.

Le rocher est un énorme bloc calcaire, en forme de prisme triangulaire allongé, couché horizontalement sur une de ses faces dans la direction nord-sud.

Le côté du rocher qui fait face au nord ou, autrement dit, la base septentrionale du prisme, s'élève à pic au-dessus du sable de l'isthme par un escarpement continu et inaccessible. L'arête supérieure est sinueuse et découpée par des anfractuosités profondes dont une surtout en avant du rempart de Charles V, semble couper le rocher en deux masses presque égales. La masse du nord commande celle du sud, bien que cette dernière présente le pic le plus élevé de tout le rocher (430 mètres).

Le rocher au nord se présente inabordable, dominant complètement l'isthme qu'il enveloppe. Bien plus élevé à l'est qu'à l'ouest, il ressemble de loin à un cône immense. Sur sa face est, du côté de la Méditerranée, il repose sur une rampe sablonneuse qui, dans sa partie septentrionale, est accessible. A mesure qu'on va au sud, le rocher tombe à pic sur la mer et rend inabordable toute cette portion de littoral; on ne trouve qu'une mauvaise anse, la baie Catalane. La côte méridionale ou pointe d'Europe, quoique difficile, est cependant accessible; mais les ressauts de terrain en arrière, la raideur des pentes forment des obstacles redoublés sur un front relativement étroit et rendent bien incertaine une tentative de débarquement.

La côte ouest est moins escarpée et présente au pied de la montagne une bande de terrain allongée de 900 mètres de longueur, où est installée la ville. La pente générale du rocher vers l'ouest varie de 30° à 45°, plus douce au bas, plus rapide vers le sommet. Cette pente est coupée par une suite de ressauts ou d'escarpements de roc généralement difficiles à gravir et formant trois lignes que l'on peut suivre dans toute la longueur du rocher. Dans leur partie septentrionale, ces trois lignes débordent la ville et lui fournissent un puissant et indestructible flanquement. Deux éperons assez courts font saillie sur la ligne inférieure des escarpements et déterminent sur la mer des commencements d'abris qu'on a complétés par la construction du môle vieux au nord et du môle neuf au sud. Sur l'éperon nord s'élève le vieux château Maure.

Ville de Gibraltar. — La ville forme un rectangle de

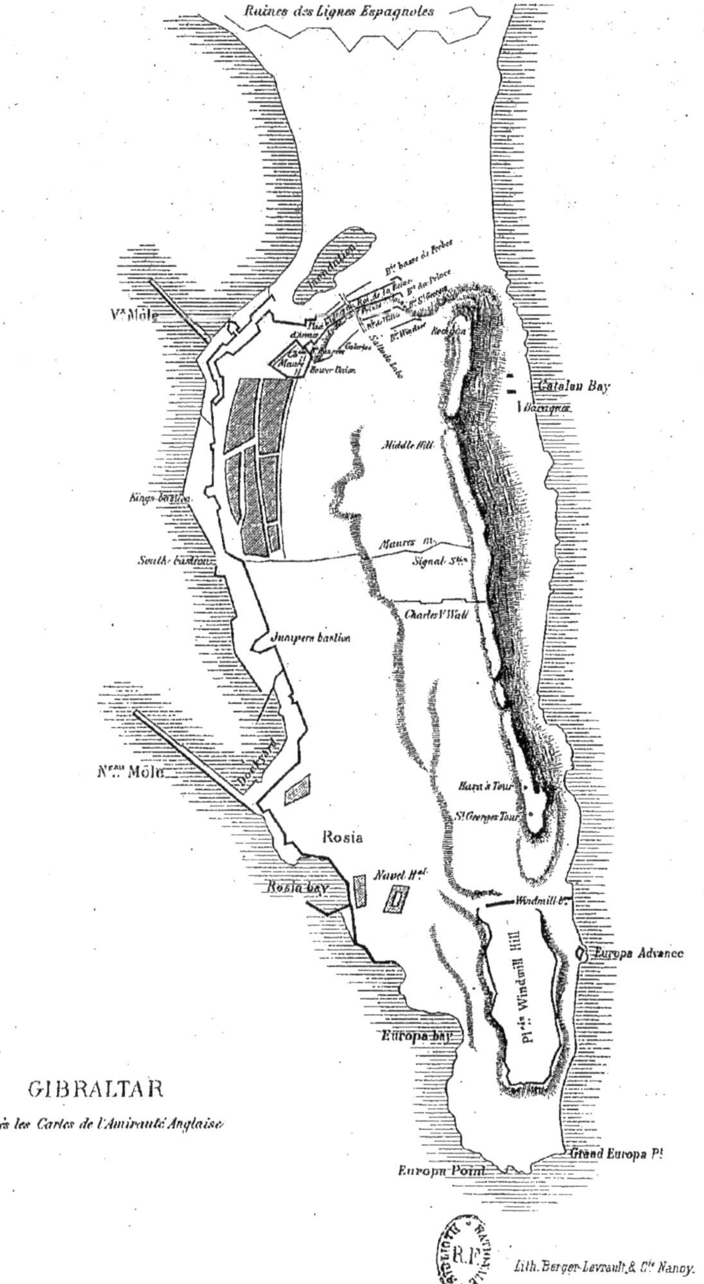

GIBRALTAR

d'après les Cartes de l'Amirauté Anglaise

Lith. Berger-Levrault & Cie Nancy.

800 à 900 mètres de long sur 400 à 500 mètres de large et consiste en une unique grande rue. Elle compte de 15,000 à 20,000 habitants.

Fortifications de Gibraltar. — Tous les points accessibles du rocher ont été fortifiés. Au nord, la portion dominante est enveloppée d'une enceinte: partie artificielle, partie naturelle, à laquelle se rattache la partie méridionale enveloppée aussi d'une enceinte continue.

Côté *ouest* jusqu'à Europa advance : Il a suffi, pour rendre ce côté inattaquable, de perfectionner quelques escarpements, d'élever quelques batteries et de créer les communications nécessaires.

D'Europa advance au nouveau môle : Le rocher, haut de 20 à 30 pieds dans la partie comprise jusqu'à la pointe d'Europe, rend un débarquement impossible; tandis que, de la pointe d'Europe au nouveau môle, on a été obligé de créer un parapet qui, autrefois en pierre, a été remplacé par un parapet terrassé, dont le tracé semble avoir été tout dernièrement perfectionné pour échapper aux effets de l'artillerie actuelle.

Le plateau Windmillhill redouble la défense en arrière et est couronné d'une ligne continue qui borde au sud l'escarpement rocheux de la pointe d'Europe.

En arrière de ce plateau, sur les pentes inférieures de la face ouest du rocher jusqu'au nouveau môle, s'élèvent une partie des établissements maritimes de la forteresse : hospice de la marine, caserne, magasins de vivres, etc.

Une attaque de ce côté paraît au premier abord n'être pas impossible. Les vaisseaux pourraient envelopper les défenses de feux convergents; mais les courants opposeraient bien des difficultés au débarquement ; et, le débarquement réussirait-il à s'effectuer, il faudrait, pour s'emparer de la forteresse, lutter contre un redoublement formidable d'obstacles dominants et de feux enveloppants, la partie nord du rocher dominant la partie sud.

Fortifications du nouveau môle au vieux môle : L'éperon auquel est appuyé le nouveau môle flanque la ligne continue qui borde le rivage en remontant au nord. Le rivage s'abaisse dans cette direction. En arrière, les pentes du rocher pourraient offrir des emplacements de batteries si cela était nécessaire. Un bastion se trouve à peu près à mi-chemin entre le nouveau môle et l'enceinte sud de la ville et flanque le milieu de cette longue courtine. L'enceinte de la ville au sud s'étend du côté ouest du rocher à son côté est, de la baie de Gibraltar à la Méditerranée, et barrerait le chemin à l'assaillant qui aurait réussi à débarquer à la pointe d'Europe ou au nouveau môle. Le rempart de Charles-Quint, un peu en avant de l'enceinte proprement dite, voit des couverts qui lui échappent ; cette enceinte s'appuie à Signal station par Moorishwall et vient rejoindre à l'ouest à angle droit l'enceinte de mer de la ville. Deux bastions, celui de South-Port et Kings-bastion, flanquent au sud et au centre cette enceinte tracée le long de la mer. Au nord, deux fronts bastionnés terminent cette ligne et leurs escarpes ont été couvertes par une couronne à laquelle s'appuie le vieux môle. Dans ces dernières années, on a prolongé cette couronne vers le sud par une sorte de glacis destiné à protéger les maçonneries de la fortification bordant le rivage.

Le front bastionné qui couvre la ville au nord, du côté de terre, est à angle droit avec l'enceinte de mer de Gibraltar. Il est appuyé par l'extrémité du rocher qui le flanque même à revers par trois puissants escarpements, perfectionnés par l'art. Une inondation couvre ses avancées du côté de l'isthme et ajoute encore aux difficultés de son attaque. Les lignes du Roi et de la Reine, les premières au sud, les secondes au nord, séparées par une coupure à peu près dans leur milieu, bordent le premier escarpement.

Au-dessus, les lignes du Prince bordent le second ; le troisième escarpement enfin, rattaché au front de terre par la baie de Hanovre, porte à son extrémité nord les batteries de Willis, baies à ciel ouvert mais d'une puissante action sur l'isthme. De nombreux abris, des magasins taillés dans le roc, des communications multipliées donnent une grande force à ces lignes. Au-dessus des batteries de Willis s'ouvre, en arrière de la façade nord du rocher, Windsor-Galery qui conduit à Lord-Cornwallis et à Saint-George's Hall, taillées dans une proéminence du roc à 655 pieds au-dessus de la mer. De nombreuses grottes naturelles, celle de Saint-Michel entre autres, sont percées dans la montagne.

La défense éloignée est aussi puissante que la défense rapprochée. Les approches par l'isthme sont presque impossibles sous une masse de feux étagés, dominants et convergents. On peut bien, des hauteurs au nord de la presqu'île, avec les longues portées de l'artillerie actuelle, aider puissamment l'attaque ; mais l'isthme sera sous peu coupé par un large canal qui fera de Gibraltar une île.

Comment exécuter alors les opérations délicates de franchissement de fossé sous des feux inextinguibles ? Comment, après cela, ruiner les obstacles, les flanquements, les abris, les communications à peu près indestructibles de la défense rapprochée ?

Un bombardement avec la masse d'abris de toutes sortes dont dispose la place, avec ceux qu'elle pourrait au besoin ouvrir dans les grottes naturelles du rocher, ne peut donner aucune espérance de réussite à l'assaillant. Une surprise qui aurait à vaincre un pareil luxe d'obstacles redoublés, de chicanes difficiles, serait-elle possible ?

Un blocus enfin pourrait-il réussir avec la supériorité de la marine anglaise, les facilités de ravitaillement qu'offre le Maroc, les immenses magasins de la forteresse bondés de vivres et de munitions ?

La garnison est de 6,000 hommes et l'artillerie compte 2,000 pièces, parmi lesquelles deux canons de 100 tonnes[1].

« L'erreur populaire au sujet de Gibraltar », écrit le général Codrington, « est de croire que les canons commandent le détroit, que ce commandement était absolu jadis contre les navires en bois, qu'il est précaire aujourd'hui contre des navires cuirassés n'ayant rien à craindre ou pas grand'chose des batteries de terre... La vérité est que Gibraltar n'a jamais commandé le détroit, au sens propre du mot; il n'a jamais offert par lui-même un obstacle aux flottes passant d'une mer à l'autre, attendu qu'elles peuvent rester en dehors du champ d'action de ses batteries.

---

1. Extrait de l'*Année maritime*. Paris, 1884.

Mais conclure de là que Gibraltar n'est d'aucune utilité à l'Angleterre, c'est commettre la même erreur que de nier l'action des places fortes au delà du terrain battu par leurs feux; abritée sous ses murs, une flottille de canonnières peut, en tout temps, faire sans danger la police du détroit et aucun vaisseau ne pourrait le franchir sans la permission de celui qui commande dans la place. »

En changeant toutes les conditions de la navigation, la vapeur a modifié le rôle de Gibraltar; mais loin d'être diminué ce rôle a grandi : car cette position sert à l'Angleterre de dépôt et de port de radoub indispensable.

Qu'arriverait-il à la flotte anglaise dans la Méditerranée sans dépôt de charbon ? Si, autrefois, elle pouvait tenir la mer pendant cinq ou six mois, elle ne saurait aujourd'hui rester seulement 15 jours sans refaire son charbon; or le charbon constitue une contrebande de guerre qu'elle ne pourrait obtenir dans des ports neutres.

Donc, sous peine de voir ses vaisseaux convertis en « îles flottantes », il faut que le détroit reste ouvert aux transports anglais. Tant que l'Angleterre possédera Gibraltar, elle conservera sa liberté d'action dans la Méditerranée; qu'elle vienne à en être chassée, et une coalition de l'Espagne et de la France pourrait l'en exclure à tout jamais en fermant le canal à cette denrée indispensable sans laquelle tous les vaisseaux modernes ne sont plus que des instruments inoffensifs.

Gibraltar est donc bien la clef du détroit et de la Méditerranée.

L'Espagne ne pourrait-elle pas d'une autre façon s'assurer la clef de la Méditerranée que l'Angleterre détient d'une façon si humiliante pour elle? Telle est la question à laquelle un ancien officier de l'artillerie espagnole, M. Jose Navarrete, a consacré, dans le journal *El Globo*, une série d'articles qui ont produit une vive sensation.

L'écrivain espagnol partage l'avis du général Codrington sur l'impuissance directe de Gibraltar à commander le détroit. Il reconnaît que tous les navires peuvent traverser le canal dont la moindre largeur est de 22 kilomètres sans avoir rien à craindre ni de Gibraltar, ni de Tarifa, ni de Ceuta, ni d'aucun autre point du littoral. Au point de vue de l'action directe, ces trois places se trouvent ainsi égales, ou, pour mieux dire, également insuffisantes. Ce que M. Navarrete veut examiner, c'est leur valeur ou plutôt ce qu'elles pourraient devenir comme refuges du faible contre le fort et comme embuscade d'où l'on s'élancerait chaque fois que se présenterait une occasion favorable. Si Gibraltar ne commande pas le détroit, il en domine incontestablement le passage, puisqu'en tout temps quelques canonnières, sentinelles vigilantes, peuvent en sortir sans courir aucun risque et être certaines d'y trouver un refuge assuré après avoir frayé la route à un vaisseau ami ou après avoir poursuivi un vaisseau ennemi jusque sous les murs des forteresses côtières espagnoles.

Les 2,000 bouches à feu de Gibraltar peuvent littéralement couvrir d'une pluie de feu l'isthme et la frontière espagnole, et les eaux de la baie d'Algésiras.

M. Navarrete estime que si l'artillerie anglaise règne

aujourd'hui sans partage à Gibraltar, c'est grâce à l'in-
curie des gouvernements qui se sont succédé en Espagne.

Que l'Espagne, au contraire, utilise le relief et la
grande supériorité de développement des côtes qui lui
appartiennent sur la baie d'Algésiras, qu'elle les hérisse
de batteries en terre, grâce à l'altitude de leur site ces
ouvrages ne seront exposés qu'aux feux courbes si incer-
tains des vaisseaux, tandis qu'ils les tiendront au contraire sous leurs redoutables feux verticaux. Les deux
places de Gibraltar et d'Algésiras seront annulées; la
baie d'Algésiras sera inaccessible en fait aux bâtiments
des deux nations, mais « ce dommage irréparable pour
l'Angleterre sera peu sensible pour l'Espagne qui a dans
ces parages de quoi remplacer Algésiras ». L'Espagne n'a
même rien à créer : Ceuta et Tarifa existent. Placée au
seuil océanien du détroit, la ville de Tarifa, dominée par
des roches élevées, se relie par un isthme étroit à une île
de 500 mètres environ de diamètre. A l'est et à l'ouest de
l'isthme, deux mouillages en eau profonde s'étendent en
demi-cercle entre l'île et la terre ferme et ne demandent
que deux môles d'abri pour se transformer en excellents
ports sur le détroit et l'Océan. Des batteries à feux ra-
sants sur le pourtour de l'île, des batteries à feux verticaux sur les hauteurs de la terre ferme, tiendraient
l'ennemi éloigné. De la tour de Guzman, élevée à la pointe
de l'île, on découvre un immense horizon de mer ; nul
vaisseau venant de l'Océan ne pourrait s'approcher du
détroit, ni s'y engager en venant de la Méditerranée, sans
être aperçu et signalé.

La position de Ceuta est beaucoup plus belle encore. La ville s'élève sur une langue de terre qui rattache le continent africain aux escarpements du mont Hacho, couronné par sa vieille citadelle. Ici, comme à Tarifa, le double port, actuellement assez médiocre, enserré de part et d'autre de l'isthme par le mont Hacho et les côtes d'Afrique, n'exige pour devenir très bon que quelques travaux d'aménagement assez faciles. Les batteries basses de la ville combinant leurs feux avec les batteries hautes du mont Hacho, interdiraient, dès qu'elles seraient armées à la moderne, toute tentative d'approche des vaisseaux ennemis.

Tarifa et Ceuta seraient dès lors des Gibraltar espagnols, et des Gibraltar n'ayant pas d'Algésiras en face d'eux pour les contre-battre. Or « l'Espagne dispose dès aujourd'hui d'un assez grand nombre de navires de guerre pour fermer le passage à tout bâtiment anglais qui ne serait pas escorté par une force imposante ». Dans de telles conditions, « les navires abrités sous Tarifa et Ceuta, prêts à s'élancer au premier signal arboré par la citadelle du mont Hacho ou de la tour de Guzman, suffiraient à annihiler dans la Méditerranée la puissance maritime de la superbe Albion, puisqu'ils interdiraient absolument le détroit à l'aliment nourricier de ses flottes et les convertiraient, suivant l'expression du général Codrington, en simples îles flottantes ».

Le dispositif du capitaine Navarrete tire toute sa valeur de l'emploi des forces maritimes espagnoles. La flotte espagnole détruite, hypothèse facilement admissible vu la supériorité maritime anglaise, que pourraient les travaux qu'il propose réduits à eux-mêmes? que peut une place sans garnison?

En résumé, Gibraltar est aujourd'hui et jusqu'à nouvel ordre la clef du détroit qu'il serait malaisé d'arracher à ceux qui la détiennent, mais dont il est facile, au contraire, de limiter l'action en créant et en organisant Ceuta et Tarifa.

Si prendre Gibraltar de vive force est chose impossible, l'Espagne peut, en dominant le Maroc, bien réduire l'importance de la place anglaise et en hâter la chute.

Quels que soient les projets de l'Espagne sur ce pays, il n'est pas douteux que le Maroc est depuis longtemps l'objet des visées anglaises et que depuis quelques années il est fortement travaillé par le gouvernement britannique. L'Angleterre, qui a des intérêts partout où il y a une bonne place à prendre, semble avoir jeté déjà son dévolu sur Tanger dont le port est relativement bon et qui jouerait à l'ouest du détroit, ainsi que le faisait remarquer le *Militär Wochenblatt*, un rôle analogue à celui que Gibraltar joue à l'est. Ceuta, située en face de Gibraltar, perdrait toute importance stratégique sitôt Tanger aux mains des Anglais.

« Tanger, disait une brochure récemment publiée, a vu, il y a trois ou quatre ans, ses fortifications réparées, agrandies et armées, non pas avec l'argent du sultan, mais sûrement avec des fonds provenant de l'Échiquier britannique. Bien plus, des officiers anglais qui n'étaient pas à la solde du Maroc, dirigeaient ces travaux et s'initiaient aux affaires du pays, tout en instruisant l'armée

marocaine qui du reste est peu nombreuse et se compose
en grande partie de troupes noires. »

Bassin oriental de la Méditerranée. — Ce bassin, auquel se rattachent l'Adriatique, l'Archipel, la mer Noire
et le canal de Suez, est devenu d'une importance capitale.
La Grèce avec sa position centrale, la force de résistance
de son territoire continental, la puissance rayonnante
des îles qui s'y relient naturellement, aurait pu jouer un
grand rôle ; mais il lui aurait fallu une population plus
nombreuse, un allié puissant, et cet allié ne pouvait
guère être que nous, dont l'influence n'est plus ce qu'elle
devrait être dans ce bassin. L'Allemagne, la Russie,
l'Angleterre, cherchent à nous prévenir sur les grandes
voies de l'activité humaine et se préparent, sinon au partage complet de l'Empire ottoman, du moins à la prise de
possession de ses parties susceptibles de compléter et
d'assurer d'une manière décisive l'accroissement de puissance qu'elles jugent nécessaire.

L'Allemagne convoite la partie dominante de la péninsule des Balkans et veut annihiler le grand rôle maritime que pourrait jouer la Grèce ou du moins le rendre
sans péril pour elle. Elle veut s'assurer, après le Rhin, le
Danube, cette seconde artère de l'Europe centrale, s'opposer ainsi à voir le Rhin pris à revers par le bas Danube, et tenir Constantinople en échec du haut du plateau
de l'ancienne Mœsie.

La Russie vise à commander la mer Noire qui est le
débouché de la plus grande partie de son territoire européen, à dominer l'entrée du Bosphore, et à ne pas laisser
à l'Allemagne une influence absolue sur l'Archipel. Le

plateau arménien, cette Suisse de l'Asie antérieure, cet ouvrage avancé du Caucase, ce Gibraltar de l'Orient, comme l'appelait le général Fadejew, entre la mer Noire, le golfe d'Alexandrette, le golfe Persique et la mer Caspienne, est son grand objectif; car c'est de là qu'elle pourra faire sentir le plus avantageusement sa puissance.

L'Angleterre, après Chypre, s'est saisie de l'Égypte et elle cherche à occuper Candie, dont l'influence maritime sur la Grèce est immense. Cette île lui permettrait de surveiller, d'un côté, les progrès allemands, de l'autre, la marche des Russes vers les détroits et solidifierait encore sa puissance maritime dans le Levant.

La forme générale de ce bassin oriental de la Méditerranée ressemble un peu à celle d'un huit couché horizontalement, le nœud du huit figuré par le rétrécissement entre Candie et la Cyrénaïque. Ses points importants sont : Malte, Messine, Tarente que l'Italie transforme en un grand port militaire; Corfou, qui garde l'entrée de l'Adriatique, à portée du plateau de Janina; Céphalonie, qui, moins proche de terre, joue à peu près le même rôle. Cette île commande en outre l'entrée du golfe de Lépante, auquel le canal de Corinthe, qui va rapprocher Trieste de Salonique et de Constantinople, donnera probablement une vie nouvelle.

Candie, avec de très beaux ports, située dans le rétrécissement entre la Cyrénaïque et la Grèce, à l'entrée de l'Archipel, sépare Malte de Chypre et occupe au centre du bassin oriental, une superbe position d'où l'on peut gêner la liaison des flottes de Constantinople, de Pola ou de Toulon... Il faut encore signaler : l'île de Rhodes, le golfe d'Alexandrette : point de convergence des principales lignes de communication de la Turquie d'Asie, des lignes de Constantinople à Bagdad, de Samsun sur Adana, sur Erzeroum et le haut Euphrate, de Mossoul, ligne de la Syrie sur l'Égypte.

Tripoli, en face de Famagouste, possède un port susceptible d'améliorations et peut devenir la tête du chemin de fer de l'Euphrate.

Beyrouth est le centre commercial de la Syrie avec une bonne route sur Damas ; Port-Saïd, la tête du canal de Suez, et les rades d'Aboukir et d'Alexandrie, susceptibles d'abriter des flottes de guerre.

Tobrouck par où s'approvisionnent les Semoussi et Bombah, sont les traits d'union de Tripoli avec l'Égypte. Tripoli, à la tête d'une des routes les plus courtes du Soudan, est convoitée par les Italiens et couvrirait l'Égypte, Bombah et Tobrouck contre Bizerte.

Dans l'Adriatique, à signaler :

Lissa, la position centrale, le Malte de l'Adriatique ; Pola, Brindisi, terminus de la voie ferrée sur l'Orient ; Venise, Trieste, le grand port de commerce de l'Allemagne méridionale mais facilement bombardable ; Fiume, le débouché de la Hongrie ; Raguse et Cattaro avec d'excellents ports pour intercepter les communications maritimes de la Bosnie et de l'Herzégovine, et surveiller celles du Monténégro.

Dans l'Archipel, nous avons :

Négrepont, qui prend en flanc la défense de la Grèce territoriale ; Salonique, le débouché sur la mer Égée du plateau de Mésie ; Smyrne, centre et débouché commercial de la riche côte de l'Ionie ; Mételin enfin, dominant les îles de l'Archipel, surveille Smyrne et le littoral ionien.

Mer Noire. — Comme le deuxième bassin de la Méditerranée, la forme générale de cette mer est celle d'un huit couché horizontalement ; le nœud du huit, formé par le rétrécissement entre Sébastopol et Sinope.

Constantinople est la clef de cette mer, où la Russie pourrait en toute liberté, si elle était maîtresse des débouchés, former et exercer sa marine pour aller rayonner de là dans toute la Méditerranée.

L'Angleterre surveille de la manière la plus active cette mer et peut-être, pour résister à la poussée du Nord, va-t-elle essayer de s'appuyer sur la Turquie qu'elle menace moins directement en Égypte, que l'Allemagne et la Russie dans leurs visées sur les plateaux de Mésie et d'Arménie.

Constantinople, sur la côte ouest de la mer Noire, exerce une grande influence sur cette mer et est complétée par Varna. Sinope, sur la côte méridionale, fait face à Sébastopol dont le saillant opposé domine la côte septentrionale. Trébizonde est tête de la ligne directe sur Erzeroum, le plateau arménien et sur la Perse.

Batoum est une position maritime des plus importantes, couvrant le littoral de la Transcaucasie. Soukoumkalé est un mauvais port, mais sur la ligne la plus directe pour se rendre à Tiflis. Otchakoff et Kinburn, à l'embouchure du Dniepr, tiennent à leur position dans un rentrant de n'avoir qu'une action défensive.

Odessa est le débouché des plaines de la Pologne sur la mer d'Azow.

Taganrog est le débouché du Don et peut servir au ravitaillement de la Crimée ; Kertsch commande le détroit de même nom et empêche que l'on ne tourne la chaîne du littoral sud de la Crimée.

Malte. — L'île de Malte, dans le canal entre la Sicile et l'Afrique, ressemble un peu à un parallélogramme allongé, le grand côté formant un angle de 45° environ sur le méridien. Elle a 13 kilomètres de large sur 27 kilomètres de longueur.

De formation calcaire, Malte a sa pente générale dirigée du sud-ouest au nord-est, de sorte que le côté sud-ouest du parallélogramme présente sur la mer des escarpements inabordables. Les vallées, les coupures du sol ont de même cette direction constante du sud-ouest au nord-est ; aussi la côte nord-est présente-t-elle une quantité d'échancrures dont la largeur et la profondeur augmentent à mesure que l'on avance vers l'ouest.

Malte est bordée dans son prolongement nord-ouest par la petite île de Comino et par celle plus grande de Gozzo.

Comino n'a pas d'escarpements sur ses rives ; mais au sud et au nord elle est entourée de récifs qui la rendent inabordable.

Gozzo est en général plus élevée que Malte et est défendue presque dans tous ses abords par des escarpements à pic : les plus élevés sont à l'ouest et au sud. La côte la plus accessible est celle qui fait face à Comino.

L'île de Malte est la partie essentielle et dominante du

groupe à cause de ses deux magnifiques ports de Mazza-Muscietto et de Grand-Port, et est la station centrale des escadres anglaises de la Méditerranée. C'est là que se trouve le quartier général de la flotte anglaise dans la Méditerranée, avec tous les établissements nécessaires : bassins, arsenaux, etc. Toutes les compagnies de bateaux à vapeur de la Méditerranée en ont fait leur station centrale et l'ont choisie pour point de relâche.

Malte compte 142,000 habitants et 6,000 hommes de garnison ; son importance est égale à celle de Gibraltar. Elle occupe une position unique entre les deux grands bassins méditerranéens, entre l'Occident et l'Orient et à proximité de trois continents. Son rayonnement atteint Trieste, Smyrne et Port-Saïd ; à l'abri de ses inexpugnables remparts, elle offre un point de rassemblement et d'appui d'une valeur inappréciable à la marine anglaise. C'est la porte de l'Adriatique, de l'Archipel, de la Syrie et de l'Égypte. La Grande-Bretagne surveille de là l'Italie et l'Autriche dans l'Adriatique pour les empêcher d'y prendre une supériorité maritime trop grande ; elle gêne et entrave l'action de la France dans les mers du Levant et empêche la Russie de déboucher dans l'Archipel.

Dans la seconde moitié de 1877, mais surtout dès le mois de janvier 1878 et avant les préliminaires de San-Stéphano, Malte servit de base d'opérations aux Anglais pour leurs préparatifs contre les Russes.

Gibraltar est la porte ouest, Port-Saïd la porte Est de la Méditerranée, Malte est le pivot des opérations maritimes anglaises dans cette mer.

Les anciennes fortifications du groupe, œuvre des Chevaliers, sont aussi considérables que multipliées. Les côtes des trois îles étaient défendues par une quantité d'ouvrages : tours, batteries, retranchements, et les grands ports de Mazza-Muscietto et de Porto-Grande étaient protégés par les enceintes multiples de La Valette ; la cité Vieille couvrait le centre de Malte, la cité Chambray le point de la côte le plus accessible et le château gardait l'intérieur de l'île. Comme une partie de ces fortifications était devenue surabondante, nuisible même, l'Angleterre a remanié tout le système de défense. A l'ouest de la cité Valette et de la cité Vieille, il a été établi une ligne de forts coupant l'île dans toute sa largeur ouest-est, afin de rendre un débarquement très chanceux et de couvrir, dans le cas où ce débarquement aurait réussi, les anciennes enceintes de La Valette. Ces ouvrages partent de la côte ouest où ils s'appuient aux escarpements et vont aboutir à la côte est près le fort Pembroke. Ce sont les forts : Bengemma au point le plus élevé de l'île, les lignes de Dueira, la batterie Tarjin, le fort Musta, les trois batteries de Gargur et le fort Magdalena ; vient ensuite le fort Pembroke qui relie la défense de terre à celle du littoral. Celle-ci a été simplifiée ; elle est constituée par une série d'ouvrages qui se dirigent vers le sud-est pour aller se terminer aux escarpements du sud-ouest. A la suite du fort Pembroke, nous avons : Slilma batterie, Cambridge batterie, les forts Tigné et Riccazoli qui font partie des ouvrages de La Valette, Binella batterie, San-Rocco batterie, San-Leonardo batterie, San-Nicolo batterie, Saint-Thomas tower, Advanced batterie, les forts Talsilic, Dellamara et le fort Saint-Julien.

GOZZO I.
P.t Chambray
Comino I.
Comino Channels
South Channel
Marsa
Madalena P.t
Bay
Julien Bay
Sliema
Valette
Floriana
Grand P.t
Vittoriosa
Fort
Bosio
St Marie
Pietà
Sliema
Notabile
St Thomas P.t
Thomas Bay
Costa Veechia
Finistomara P.t
M A L T E
MALTE ET GOZZO
Lith. Berger-Levrault & C.ie Nancy.

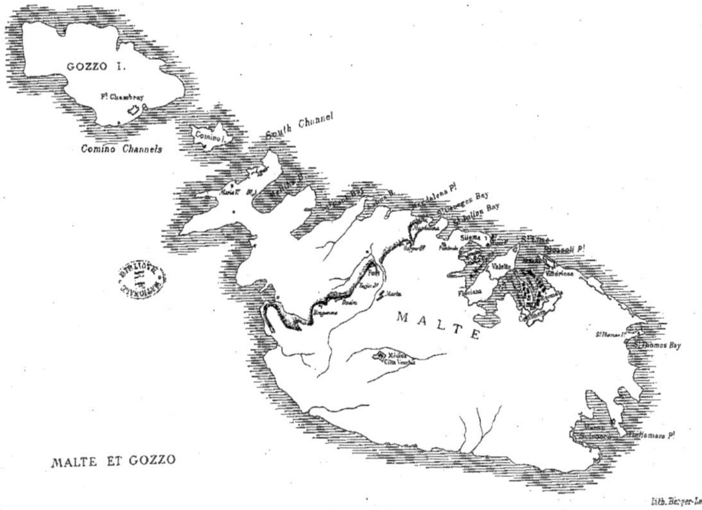

Fortifications de La Valette. — Les deux grands ports de Mazza-Muscietto au nord et de Porto-Grande au sud sont séparés par une presqu'île allongée à l'extrémité de laquelle se trouve le fort Saint-Elme. La moitié septentrionale de cette presqu'île est occupée par les ouvrages de La Valette, qui comportent, du côté de terre, trois fronts bastionnés avec ouvrages intérieurs et extérieurs, les extrémités de ces fronts se rattachant au fort Saint-Elme. Tout cela est taillé dans le rocher comme la plupart des autres anciennes fortifications de l'île. Cette enceinte, partie centrale du système, est redoublée en avant par la Floriana du côté où la presqu'île se rattache à la terre.

Sur la rive septentrionale du port Mazza, s'élève le fort Tigné, qui fait face au fort Saint-Elme, avec lequel il croise ses feux par l'intermédiaire du fort Manoël, construit dans une île située sur le prolongement du front nord de l'enceinte.

La rive sud du grand port est défendue à son extrémité orientale par le fort Riccazoli, sur la même ligne que les forts Tigné et Saint-Elme.

Cette rive sud est fortement échancrée et présente les ports de la Muette, le port des Anglais, le port des Galères et le port de la Sangla. La cité Vittoriosa et le bourg de la Sangla couvrent de chaque côté les deux langues de terre qui enserrent le port des Galères où se trouve l'arsenal. Du côté de terre, se trouve l'enceinte de la Barmola, enveloppée à son tour par les fortifications de la Cottonera, sorte de vaste camp retranché destiné à recevoir, en cas de débarquement ennemi, la population de l'île (Lisla).

Les points jadis considérés comme les plus vulnérables étaient l'extrémité sud de la Cottonera et la partie de Mazza-Muscietto entre la pointe Saint-Elme et la porte Mazza.

Deux canons de 100 tonnes ont été, comme à Gibraltar, envoyés à Malte.

Chypre. — Cette île se compose de trois régions distinctes : une chaîne de montagnes au nord, un massif montagneux au sud et entre les deux une plaine. La rangée nord de montagnes s'étend le long de la côte septentrionale du cap Cormatiki au cap Saint-André, sur une longueur de 103 milles, laissant une bande étroite de terre entre elle et la mer. Ces montagnes, monts Carpas, sont escarpées, découpées par des ravins profonds. Les points dominants sont le mont Saint-Élie (3,340 pieds), le Buffavent (3,220), le Kantara (2,020), tous surmontés de ruines de châteaux moyen âge, qui formaient le réduit de l'île.

Le massif méridional est le plus élevé. Le mont Troodos (6,370 pieds) est le point culminant ; il pousse des rameaux dans tous les sens : celui qui s'étend à l'ouest à peu près parallèlement à la chaîne du nord se termine au cap Saint-Épiphane. Le Troodos paraît avoir été le séjour d'été favori des chevaliers francs ; ses pentes sont boisées presque jusqu'au sommet.

Au centre de la plaine, s'élève Nicosia, la capitale de l'île, à 400 pieds au-dessus de la mer. La plaine orientale est désignée plus spécialement sous le nom de Mésorée ; celle occidentale sous le nom de Morfa. Le Pédias, avec son principal affluent, l'Idalias, traverse la Mésorée.

La plaine de Morfa est arrosée par le Potamos, connu aussi sous le nom de Sérakhi.

La plaine est très fertile ; mais le pays a été fort négligé depuis longtemps. Les rivières, bien que non navigables, peuvent rendre de grands services pour l'irrigation ; mais il faudrait faire disparaître les marais formés principalement vers leurs embouchures pour assainir le climat.

Sur la côte nord, on ne trouve guère que le petit port de Kérynia ; elle est généralement peu abordable. La côte sud, surtout dans sa partie orientale, est plus accessible. On y rencontre de nombreuses baies, entre autres celles de Famagouste et de Larnaca, mais pas un seul port.

La position stratégique de cette île est des plus heureuses. Avec sa surface de 9,500 kilomètres carrés, sa longueur de 458 kilomètres et sa largeur de 150, elle commande l'angle droit que forme la côte méridionale de l'Asie Mineure avec la côte de Syrie. Jusqu'à l'occupation par les Anglais de l'île de Chypre, la Grande-Bretagne manquait d'une station solide, d'un dépôt de charbon, dans le Levant, d'un échelon sur le chemin de fer qui pourra un jour par l'Euphrate conduire à l'Inde.

L'île est facile à mettre en état de défense. La côte nord est presque inaccessible et les vents du nord-ouest, habituellement régnants, ajoutent aux difficultés d'un débarquement.

La côte sud présente quelques points d'un accès aisé et le régime des vents est beaucoup plus favorable.

Sur la côte orientale, la plus importante, les Vénitiens, avec beaucoup de sagesse, avaient choisi la remarquable position de Famagouste, importante par sa double action sur terre et sur mer. A un mille anglais du rivage, court, parallèlement à la côte, une chaîne de rochers qui fourniraient une base avantageuse à la construction d'une digue et donneraient ainsi à Famagouste toutes les propriétés requises pour un grand établissement maritime.

Du côté de terre, la nature rocheuse de Famagouste et de ses environs pourrait donner une immense valeur aux fortifications à construire. Le seul défaut de cette position serait le manque d'eau; mais on pourrait y suppléer au moyen de citernes ou de condensateurs.

Les défenses de Famagouste, comme celles de Kérynia et de Nicosia ou les mauvaises batteries de la rade de Larnaca, demanderaient un remaniement complet.

Mise à hauteur des progrès de l'artillerie, Chypre jouerait le rôle d'ouvrage extérieur de l'Égypte et de citadelle centrale à portée de Rhodes, de Candie, de la baie de Bésika, des Dardanelles, de la baie d'Alexandrette et des ports égyptiens.

Chypre couvre l'Égypte, paralyse un peu en partie la dangereuse position de Candie en surveillant le débouché des Russes sur la Méditerranée, menace Alexandrette, ce débouché du plateau arménien sur la mer, et prend avec l'Égypte anglaise la Syrie entre deux feux.

L'Égypte. — Elle n'appartient pas à l'Angleterre, mais la position que cette puissance vient d'y prendre, la manière dont elle enserre l'Égypte par la Méditerranée et la mer Rouge, la pression qu'elle exerce déjà sur ses destinées futures en cherchant à augmenter son influence sur la vallée du Nil, le parti qu'elle peut en tirer pour s'opposer à la poussée du Nord qui s'accentue de plus en plus sur la Méditerranée, sur la mer Noire et l'Adriatique forcent à traiter ce pays comme une des pièces de l'échiquier maritime de la Grande-Bretagne.

L'Allemagne comme la Russie, tendent à menacer l'une et l'autre, fortement, du haut des plateaux de Mésie et d'Arménie, Constantinople. Elles veulent, appuyées sur ces redoutables positions, qui complètent leur politique continentale dans ses grands objectifs, tenir chacune sous leur fer cette capitale du vieux monde, et sans pour cela laisser à sa rivale la liberté de pouvoir satisfaire ses visées. L'Angleterre a voulu jouer un rôle analogue en mettant la main sur l'Égypte. Elle coupe ainsi le monde mahométan en deux et se rend maîtresse du nœud des communications maritimes de l'ancien monde, tout en dominant la Méditerranée et en s'assurant la possession des routes de l'Inde.

L'Égypte, dit le major Wachs (dans une conférence sur la Méditerranée faite en décembre 1883), est une forteresse stratégique qui étend l'influence de sa position dominante sur trois parties de la terre et sur deux mers, et d'où un maître puissant tient la jonction de l'Asie et de l'Afrique, pendant qu'il pèse sur toute l'Europe méridionale par la Méditerranée. De cette gigantesque forteresse il commande ses glacis : la Syrie, l'Arabie et Tripoli, car elle donne un puissant appui pour le commandement et l'action sur les pays de l'Euphrate et sur la route de l'Inde, tout en procurant une influence considérable sur l'Asie Mineure et les pays limitrophes de la puissance russe.

Après la guerre turco-russe, la Grande-Bretagne songea un moment, alors qu'il s'agissait de prendre en main le protectorat de la Turquie, à tenir en échec la mer Noire orientale et le plateau arménien par de grands établissements maritimes et militaires à Trébizonde. Constantinople aurait tenu et surveillé la partie occidentale de la mer Noire et le bas Danube.

Plus tard, le commandant Cameron, à la suite d'un voyage d'exploration, proposait de couvrir la voie ferrée de l'Euphrate (en projet) par une grande position militaire à Mardin. Cette position, soutenue par des masses de cavalerie arabe, qui auraient rendu tout investissement impossible, devait commander le débouché du plateau arménien. Mais Bagdad tournait et coupait la route de Mardin au golfe Persique et Bagdad, dominée par le plateau de la Perse, mettait à même les Russes de contre-battre toute l'action de la forteresse anglaise. D'ailleurs était-il prudent de compter sur les Arabes?...

L'Égypte fournissait, elle, une base des plus solides pour les établissements maritimes et militaires de la Méditerranée et de la mer Rouge qu'elle complétait. Position de surveillance et de défense, il est vrai, un peu reculée, elle offre plus de consistance que bien d'autres, fait face à plus de directions, répond à plus de solutions et promet plus de ressources et de forces de toutes sortes. Habitée par des populations relativement maniables et travailleuses, l'Égypte ouvre le cœur de l'Afrique et permet de surveiller la côte si importante de l'Afrique orientale, qui fait face à l'Inde.

Moins inquiétante et moins blessante pour Constantinople que l'Allemagne et la Russie, l'Angleterre pouvait, malgré cette occupation, compter sur une alliance avec la Turquie. Le poids dont elle pesait sur la mer Rouge, la Méditerranée et l'Afrique joint aux aspirations de l'Italie sur Tripoli devait lui faire espérer une alliance de ce côté! La France du même coup se trouvait refoulée vers la Méditerranée occidentale et éloignée de ces grands objectifs centraux du vieux monde, de la Grèce et de la Syrie où l'on menaçait son protectorat sur les catholiques.

De tout temps, l'Égypte a joué un grand rôle dans la vie du monde et a eu une influence considérable sur le bassin de l'Euphrate et de l'Asie antérieure. Ptolémée empêche de là la reconstitution territoriale de l'empire d'Alexandre. Les Romains veillent plus tard avec un soin jaloux sur cette portion de leur empire et, maîtres de l'Égypte, les croisés auraient peut-être pu se maintenir en Syrie.

Napoléon disait qu'avec 10,000 hommes en Égypte il rendrait l'établissement des Anglais aux Indes impossible et que ce pays n'a pas besoin d'un système de places fortes. Réduite à ses seules ressources, peut-être, il y a un siècle, l'Égypte aurait-elle pu se suffire ; bien plus, son isolement au milieu du désert lui servait de frontière fortifiée. Actuellement, avec les forces mises en jeu, ce n'est ni sa population, ni son territoire restreint qui pourraient la sauver ; il lui manque une base solide, et cette base, entre les mains des Anglais, sera la mer.

Après les tentatives si nombreuses des Anglais sur l'Égypte, croire que la Grande-Bretagne abandonnera volontairement ce pays, serait s'abuser étrangement ; en

tout cas, si les événements veulent qu'elle en soit chassée
à coups de canon, la seule hypothèse admissible, elle
saurait tout disposer pour rendre de plus en plus sensible la vallée du Nil à la pression de la mer. Déjà il
a été question de fractionner le bassin du Nil, de lui
donner des débouchés maritimes nouveaux, notamment
Souakim pour le Soudan, Mombaze ou Zanzibar pour le
pays des lacs.

La forme générale de l'Égypte est celle d'un pin : la
haute et la moyenne Égypte forment le tronc et la basse
Égypte ou le delta forme la ramure. Un débarquement
du côté de la Méditerranée, à cause des embarras du
delta, n'est guère possible qu'à Alexandrie, Aboukir,
Port-Saïd et à la rade de Péluse. Les points territoriaux
du canal de Suez qui paraissent les plus importants pour
la défense sont : El Kantara et le Gebel Geneffe. L'Angleterre fait tout pour augmenter Port-Saïd sur sa route
des Indes, tandis qu'elle refuse à Alexandrie les indem-
nités de guerre promises. Création d'éléments nouveaux
d'intérêts sur le canal, qui se trouve le plus sous l'action
des mers : telle est, en un mot, la politique britannique
poursuivie en Égypte.

A l'intérieur de l'Égypte, la forteresse de Saïd est la
seule qui mérite ce nom. Elle défend la tête du delta et
le barrage, mais manque d'action sur Bénah et le Caire.
Elle a la forme d'un trapèze dont les côtés sont constitués
par des fronts bastionnés; son grand défaut provient de
ce qu'elle commande mal la bande étroite du terrain
d'attaque sur la rive gauche du Nil par l'insuffisance de
sa tête de pont de ce côté du désert.

Plus au sud se trouvent : Fayoum, à un évasement de la vallée à proximité du Caire et le centre des ressources de cette ville ; Siout, le point de convergence des chemins des oasis, et Keneh, au coude du Nil et la tête des communications avec le port de Kosseïr, sur la mer Rouge. Assouan marque la limite de la haute Égypte. La Nubie, avec ses déserts, prolonge ensuite au sud la vallée du Nil jusqu'au Soudan, dont la partie inférieure appartient à l'Égypte. Deux points capitaux à signaler : Kartoum, au point d'affluence des rivières qui constituent le Nil, et Ladô, sur les communications les plus faciles avec le Congo.

Océan Indien.

L'Océan Indien a la forme d'un grand M, la tête tournée vers le nord et le V formé par la pointe de l'Indoustan. Les branches de l'M rejoignent : celle de l'ouest l'Océan Atlantique par le cap de Bonne-Espérance, celle de l'est, le Pacifique par West Cap Howe un peu à l'ouest de King's George Sound. Entre les deux branches se trouvent les îles anglaises de Saint-Paul et de New-Amsterdam.

À l'Océan Indien il faut rattacher le golfe Persique et le golfe d'Aden qui tombent au nord sur la grande branche occidentale de l'M.

Cet océan enveloppe l'Inde, le deuxième foyer actuel de la puissance anglaise[1] ; foyer pour lequel un voisinage

---

1. Les Iles Britanniques constituent naturellement le grand foyer occidental.

puissant, maritime ou continental, serait fort dangereux.
Si la Méditerranée est le théâtre probable de la lutte directe, ouverte contre l'Angleterre, l'Océan Indien serait
celui de la lutte indirecte. L'Inde a besoin d'être défendue à distance, aussi bien du côté de la mer que du côté
de la terre. Aussi du côté de l'ouest, à Bagdad, à Rustuc,
à Mascate, l'Angleterre a des sortes d'avant-postes sur le
golfe Persique.

Depuis longtemps elle a reconnu l'importance des îles
qui ferment le détroit d'Ormuz, débouché du golfe Persique dans l'Océan Indien ; elle a même occupé l'île Kis-
chin, mais l'a abandonnée à cause de son détestable
climat.

Aden, Périm, Berbérah, lui appartiennent ; elle pré-
tend même avoir des droits sur l'île Socotora, et, elle
surveille ainsi l'issue méridionale de la mer Rouge, l'Arabie et Zanzibar. Les îles anglaises de Kurian-Murian
offrent une rade sur la route de l'Inde dans des parages
où la mer est souvent mauvaise.

Le Cap, Maurice, Rodrigue, ferment la voie du Cap,
veillent sur les Boërs, sur Madagascar, sur la Réunion et
sur les colonies portugaises du Zambèse. Les Amirantes,
les Seychelles, l'extrémité méridionale des Maldives, réu-
nissent pour ainsi dire Zanzibar à Ceylan et coupent en
deux la portion occidentale de l'Océan Indien.

Les Laquedives prolongent les Maldives au nord parallèlement à la côte occidentale de l'Indoustan, et entre
ces deux groupes d'îles, l'île Minnicoy offre une position
centrale importante sur la route ordinaire d'Aden à Ceylan.

Les îles de la Sonde et l'Indo-Chine entre des mains puissantes pourraient être un danger pour la partie orientale de la grande colonie anglaise qu'elles découvrent ; les îles Indaman, Nicobar, les îles Kelly ne suffiraient pas pour tenir en respect ce voisinage. L'Angleterre cherche à se prémunir de ce côté par la Birmanie anglaise qu'elle agrandit et par les établissements du Détroit qu'elle augmente. Elle s'efforce en plus de dominer les îles de la Sonde et l'Indo-Chine par l'Australie et par la mer de la Chine dont elle occupe les 3 nœuds capitaux : Singapoor, Labouan-Bornéo et Hong-Kong.

Colonie du Cap. — L'ouverture du canal de Suez n'a pas diminué l'importance de cette colonie, comme on pourrait le croire tout d'abord.

Si elle ne garde plus la grande route maritime des Indes, elle surveille efficacement l'Atlantique méridional, si important pour la guerre de croiseurs. Son rôle sur l'Océan Indien est fort nécessaire pour garder les abords maritimes de l'Inde et surveiller Madagascar, les Boërs et le Zambèse. Les colonies portugaises du Zambèse pourraient être menaçantes en des mains plus puissantes ; mais, réduites à la défensive, elles sont plutôt des positions susceptibles d'une forte résistance que des points capitaux et dominants. Les considérables gisements de houille des bords du Zambèse aideraient puissamment à dominer l'Océan Indien.

La colonie du Cap domine toute la pointe méridionale de l'Afrique, mais ne constitue pas une unité territoriale bien définie. Sa caractéristique est une facilité telle de colonisation pour les Européens qu'ils commencent à déborder et à étouffer la population indigène. Le relief du sol est dessiné par une chaîne en forme de demi-cercle qui s'étend à peu près parallèlement aux côtes de l'Océan Indien, du nord-est au sud-ouest, la concavité au nord-ouest. Le centre de cette chaîne est à hauteur de Port-Natal ; de là, elle s'étend à l'ouest pour former l'ossature de la colonie du Cap et au nord pour former celle de Natal, du Zululand, de la République Orange et du Transwaal.

Le territoire du Cap se compose de vastes plaines étagées en terrasses, les unes fertiles et riantes, les autres nues et brûlées par le soleil. A partir du Cap, où l'arête dorsale finit par une sommité aplatie (le mont de la Table), jusqu'aux sources de l'Orange, se succèdent 3 zones bien distinctes. La première est la zone maritime, au climat tempéré et variable, où s'ouvrent des havres assez mauvais que desservent des services réguliers de paquebots ; la seconde comprend : la steppe de Karroo, située à une altitude de 1,400 mètres ; la troisième zone enfin est le vaste plateau qui se développe sur les deux rives de l'Orange et qui comprend le district des Diamants annexé au Cap en 1870. Le territoire de Natal, colonie distincte depuis 1856, comprend également 3 régions dans le sens des longitudes. La première zone, large de 30 à 40 milles, est celle du littoral ou des terres basses, aux cultures tropicales ; la deuxième, large de 20 à 25 milles, est celle des plateaux d'une altitude de 700 pieds environ et est la région des cultures européennes ; la troisième, celle des montagnes et des pâturages, est élevée de 1,000 à 1,500 pieds. En arrière de cette dernière région,

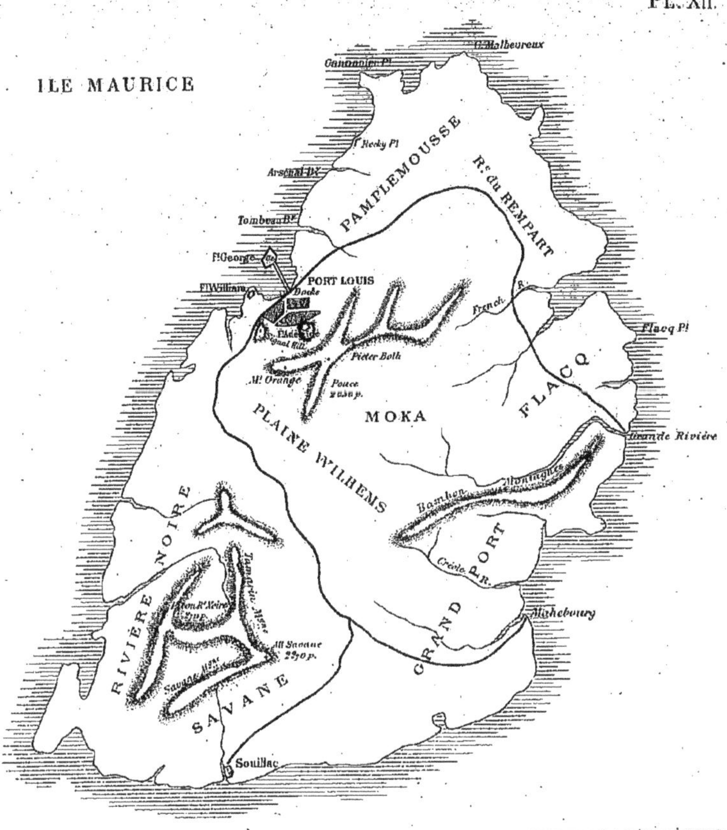
ILE MAURICE
C. Malheureux
Cannonier P.
Recky Pl
PAMPLEMOUSSE
Arsenal IX
R. du REMPART
Tombeau R.
Ft George
R.
Ft William
PORT LOUIS
Docks
French R.
Flacq Pl
Signal Hill
Pieter Both
FLACQ
Mt Orange
Pouce
MOKA
PLAINE WILHEMS
Grande Rivière
Bamhen
Montagnes
RIVIÈRE NOIRE
Tamarin Mon
Crete R.
GRAND PORT
Ron R. Noire
Mahebourg
All Savane
Savage Mt
SAVANE
Souillac

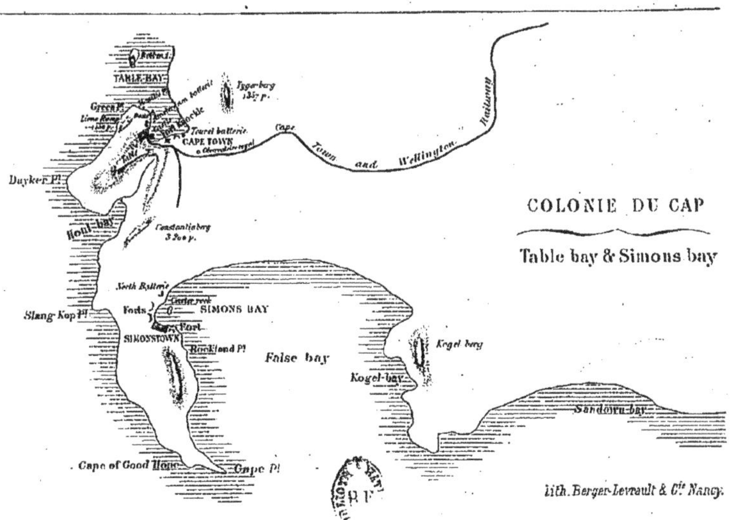
Robben I.
TABLE BAY
Igger bay
Green Pt
battery
Lions Rump
Dock
Tourel batterie
CAPE TOWN
Cape Town and Wellington
Railway
Duyker Pt
Houl bay
Constantiberg
North Batterie
Forts
Castle rock
SIMONS BAY
Slang Kop Pt
Fort
SIMONSTOWN
Rockland Pt
False bay
Kogel berg
Kogel bay
Sandown bay
Cape of Good Hope
Cape Pt

COLONIE DU CAP
Table bay & Simons bay

Lith. Berger-Levrault & Cie Nancy.

s'élève la chaîne du Drakenberg, portion centrale de la grande épine dorsale.

Le développement du littoral du Cap et de Natal dépasse 2,000 kilomètres ; à l'ouest, les côtes sont peu connues et peu fréquentées, elles sont plates et sablonneuses ; au sud et au sud-est, elles sont découpées en baies nombreuses et en promontoires escarpés : baies de Sainte-Hélène, de Saldanha, de Tablebay avec Cap Town, de Falsebay où se trouve Simon's-Town, de Saint-Sébastians, de Saint-Francisbay, d'Algoabay avec le port Élisabeth, de Port-Natal avec d'Urban, enfin la baie de Sainte-Lucie, récemment annexée. Dans la baie de Lagoa, au débouché de la République des Boërs, l'Angleterre s'est fait concéder par le Portugal le fort qui la commande.

Les principales richesses du Cap consistent en produits agricoles et en mines de diamants. Cette colonie paraît susceptible d'un grand développement dans ses productions. Il a été question de la confédérer avec l'Australie.

Elle a 3 groupes de chemins de fer convergeant sur les ports de Cap Town, Élisabeth et d'East-London. Natal commence à avoir un système de voies ferrées : les groupes de chemins de fer faciliteraient la défense du pays, en donnant aux forces anglaises la mobilité et la rapidité.

Ile Maurice. — Cette île est à 115 milles de Bourbon, 500 de Madagascar, 915 des Seychelles, 1,300 de Natal. Elle se compose de trois massifs distincts laissant entre eux, au centre de l'île, une haute plaine, plaine de Wilhems, canton de Moka, favorable à la défense de l'île.

Le massif du nord enveloppe Port-Louis avec ses contreforts septentrionaux et présente quelques sommets qui atteignent : Mont Orange, 2,270 pieds, et le Peter-Roth, 2,676. Le massif du sud est plus élevé et difficile à parcourir. Il atteint 2,711 pieds avec le piton de la Rivière-Noire.

Le 3ᵉ massif s'élève au sud-est et domine le Grand-Port par le pic Bambou (2,060 pieds).

L'île a une superficie de 676 milles carrés et est beaucoup plus élevée dans sa partie méridionale. Son littoral est bordé de récifs, de coraux ; mais cette ceinture présente des ouvertures aux embouchures des cours d'eau.

L'excellent port de Port-Louis donne une grande importance à Maurice. C'est une gaine allongée, profonde et bien abritée qui s'enfonce dans les terres nord-ouest-sud-est.

L'île des Tonneliers, réunie par une chaussée à la ville de Port-Louis, commande son entrée au nord-est. Les Anglais y ont élevé un ouvrage important, sorte de citadelle maritime, mais consistant surtout en maçonneries, bien en prise aujourd'hui. C'est le fort Georges, auquel le fort William fait face de l'autre côté de l'entrée du port.

Les Anglais, basant surtout la défense de leurs colonies sur la mer, ont laissé tomber en ruines la portion d'enceinte bastionnée construite du temps de l'occupation française autour de Port-Louis. Ils ont complété la défense de ce port en élevant sur une hauteur, au-dessus de la ville, dominant les forts Georges et William, une citadelle, ou fort Adelaïde, qui actuellement est plongée de tous côtés par les hauteurs de la Ponce.

Le Grand-Port est loin d'offrir la même sûreté et les avantages de Port-Louis. Mais son attaque semble bien difficile et l'on ne pourrait ensuite aborder Port-Louis que sur la partie la plus forte du massif septentrional qui le couvre.

Nous avions élevé sur les bords de l'île, aux points les plus menacés, une série de batteries de côte qui sont pour la plupart en ruine. La baie de la Rivière-Noire qui commande le massif méridional est défendue par deux tours Martello et une batterie. Les sympathies des anciens colons français, jointes aux difficultés du terrain, pourraient fournir dans ce massif une base et un point d'appui très solide à un débarquement. Au nord de Port-Louis se trouve la partie la plus vulnérable de l'île ; de nombreuses batteries la renforcent : batteries de Rocky Point, de Madras et des Canonniers. De la Pointe de Flacque à l'entrée du Grand-Port, de nombreux récifs bordent le rivage et faisaient supposer impossible un débarquement en ce point. C'est cependant là que les Anglais opérèrent leur descente en 1809 et nous n'eûmes pas assez de troupes alors pour défendre l'île en nous appuyant à son réduit central.

Deux lignes de chemin de fer, partant toutes deux de Port-Louis, sillonnent l'île.

Dépendent de Maurice les îles Rodrigue, les Seychelles, les Amirantes et Chagos que nous allons passer rapidement en revue.

Ile Rodrigue. — Cette île a environ 5 lieues de longueur sur 2 de largeur ; elle est entourée de récifs et de bancs de madrépores qui vont jusqu'à 3 et 5 milles du rivage. La rade ou Port-Mathurin est commode et la tenue y est bonne.

L'île est fertile, bien arrosée et montueuse; la partie occidentale seule, appelée côte de Corail, est stérile. Cette île nous fut enlevée par une escadre anglaise le 15 septembre 1761. En l'an XIV, elle fut reprise aux Anglais. Mais en 1809, le général Decaen ayant négligé de la faire occuper un peu solidement, elle servit de base d'opérations et de ravitaillement à l'escadre anglaise qui se rendit en 1810 maîtresse de l'île de France.

Après la conquête de l'île Maurice, Rodrigue reçut de nouveau quelques colons ; en 1880, elle comptait 1,422 habitants.

Les Seychelles. — Ces îles, au nombre d'une trentaine, de formation granitique ou volcanique et, par suite, très montueuses et peu productives, s'élèvent sur un banc de corail qui a, du sud au nord, environ 30 lieues, et en a, de l'est à l'ouest, environ 60. On peut y mouiller presque partout comme sur le banc de Terre-Neuve. L'île principale est Mahé, au nord, autour de laquelle se rangent en demi-cercle la plupart des îles du groupe. Sa forme est allongée du nord au sud et sa circonférence de 20 lieues environ. L'intérieur est couvert de montagnes et déchiré par de profonds ravins. La côte est abordable presque partout et ses sinuosités forment plusieurs baies commodes et profondes. Mahé n'a pas de fortifications, mais elle peut être défendue facilement en utilisant ses montagnes escarpées et ses ravins profonds. Sa rade peut facilement être mise en état par des batteries dans l'île Saint-Anne et les îlots voisins qui en commandent l'entrée.

Les Amirantes. — Les Amirantes, au nombre de 7 à 10, réunies par un banc de corail ou de sable, présentent bien peu de ressources et aucun mouillage suffisant.

Îles Chagos. — Les Anglais veillent sur ces îles comme sur plusieurs autres dans les environs de l'île Maurice pour empêcher la piraterie. Une seule d'entre elles, Diégo-Garcias, présenterait une certaine valeur, parce qu'il serait possible d'y installer un grand port.

Aden. Le rocher et les baies. — Un isthme sablonneux, long de 3 milles environ, forme le côté oriental de la grande baie d'Aden et se dirige à peu près nord-sud en s'amincissant de plus en plus. A son extrémité méridionale, il est barré tout à coup, dans une direction oblique, par une masse rocheuse, abrupte, escarpée, surgissant au-dessus du sable. Cette masse enveloppe l'isthme et le déborde un peu au nord; et, tandis que l'île Jézirat-Sawagh, au fond de la grande baie d'Aden, flanque l'isthme, l'île Sirah défend la petite baie sur l'autre versant du rocher et en face de la ville arabe d'Aden.

A un mille et demi environ en arrière de ce rempart et parallèlement à lui s'en élève un autre encore plus formidable par son épaisseur, son élévation, son escarpement, ses formes déchiquetées : le Djebel Chamshan ; à ses pieds et sur la grande baie s'élève Steamer Point. Le Ras Marbut et le Ras Tarsheim commandent l'entrée de la baie.

Ces deux masses rocheuses, déchiquetées en sommités aiguës et multiples, sont comme réunies, reliées par une troisième masse, sorte de contrefort, à peu près demi-circulaire, qui se détache du Djebel Chamshan. Cette masse, plus basse de forme, s'abaisse vers son extrémité nord-est et laisse une sorte de passage entre elle et la masse de l'isthme, réunissant ainsi la grande baie et la petite baie d'Aden. Le tout forme, du côté du sud, la moitié septentrionale d'un immense cratère dont la moitié méridionale se serait effondrée sous mer.

Avec l'isthme et ses deux baies, l'ensemble de la position d'Aden rappelle une pioche gigantesque, nettement indiquée par les trois masses montueuses ci-dessus décrites.

Ville. — Aden est habitée par une population arabe, tandis que les établissements anglais se trouvent à Steamer Point.

Fortifications. — Les renseignements sont rares et vagues. Les sommets du cratère semblent avoir été pris pour constituer l'enceinte du corps de place avec quelques ouvrages reliés les uns aux autres. Du côté de terre, la seule entrée aisée du cratère est barrée par un retranchement appuyé aux escarpements ; l'île de Sirah est fortifiée ; une attaque par mer de ce côté semble d'ailleurs peu à craindre. La saillie de Steamer Point a quelque analogie avec la pointe d'Europe à Gibraltar ; aussi, les établissements anglais ont-ils été, de ce côté, couverts par des batteries. Il était récemment question d'améliorer ces ouvrages qui paraissent très importants et qui, ruinés par le feu ennemi, laisseraient une escadre maîtresse d'entreprendre un blocus avec grande chance de réussite.

Golfe d'Aden. — Ce golfe a la forme d'une corne d'abondance, la pointe au détroit de Bab-el-Mandeb, l'ouverture sur l'Océan Indien au cap Guardafui. Il fait communiquer la mer Rouge avec l'Océan Indien et est appuyé par la grande position de Bombay. Le détroit de Bab-el-

ADEN
d'après les Annales Maritimes et Coloniales (1847)
et les Cartes de l'Amirauté Anglaise (1871)

PÉRIM

Mandeb présente une ouverture de 23,000 milles et est divisé en deux passes par l'île Périm : celle du nord, large d'un mille et demi seulement, est la plus sûre et la plus fréquentée ; celle du sud n'est navigable que sur une largeur de 7 milles.

Aden, sur la côte d'Arabie, à quelques milles à l'est de Périm, a été choisi pour centre de défense à cause de ses deux baies et de la forte position de son rocher. Il appuie puissamment l'action de Périm sur le détroit et a été dernièrement renforcé par l'occupation de Berbérah, qui lui sert de base de ravitaillement. Berbérah est, en face d'Aden, au sud sur l'autre rive du golfe, le meilleur port de cette rive et resserre la position française d'Obock. Il est d'ailleurs probable que les Anglais finiront par occuper les abords du cap Guardafui et y élèveront un phare pour rendre ces parages moins dangereux à leur marine.

Périm. — C'est une île rocheuse et dénudée, de forme elliptique, le grand axe dirigé du nord-ouest au sud-est ; une profonde échancrure, s'ouvrant au sud-ouest, forme un port peu profond. Sur le point le plus élevé de l'île, les Anglais ont établi un phare et une sorte de caserne défensive. De l'autre côté de la petite passe se trouve la position de Cheik-Saïd, achetée par une maison de Marseille en 1868. Cette position, dominée par le mont Manhali, commande Périm à bonne portée de canon.

Avec quelques travaux, en creusant la lagune au nord de Manhali, on pourrait avoir un port intérieur avec double communication sur la mer Rouge et l'Océan Indien.

Golfe Persique. — La rade de Kurian Murian, à mi-chemin d'Aden, joint le golfe d'Aden, à Mascate, au détroit d'Ormuz et au golfe Persique.

Bien que Mascate n'appartienne pas à l'Angleterre, elle y exerce néanmoins une sorte de protectorat. La ville est entourée de vieilles fortifications portugaises et possède un port qui est un de ceux qui présentent le plus de ressources sur ce littoral et à bonne portée pour surveiller le détroit d'Ormuz. A l'entrée du détroit, au nord, face à Bender-Abbas, autrefois le grand débouché de l'Iran, se trouve l'île d'Ormuz qui a joué un rôle si important entre les mains des Portugais. A l'ouest d'Ormuz et parallèlement au littoral perse, une série d'îles achève de commander le détroit. Kishm est la plus grande; Henjam, qui fait face au milieu de sa partie méridionale, forme avec elle un havre excellent et vaste qui avait été fortement recommandé en 1800, par le général Malcolm, comme très avantageusement situé pour y former un établissement destiné à dominer le détroit dans les meilleures conditions nautiques. Les autres îles, en assez grand nombre d'ailleurs, qui bordent le littoral persan, sont dominées par cette position.

Depuis le général Malcolm, qui proposait d'occuper encore l'île Karek, au fond du golfe Persique, jusqu'à nos jours, l'Angleterre n'a pas cessé d'exercer une jalouse surveillance dans ces parages. L'élément arabe, qui domine dans le sud de la Perse, pourrait être utilisé pour scinder en deux ce pays, déjà coupé en son milieu par son grand désert; on couvrirait ainsi Bagdad et la saillie de l'Euphrate, où l'action des consuls anglais se fait puissamment sentir.

Inde.

Le littoral ouest de l'Inde est fort mauvais à la marine et présente peu de bons ports. Le port artificiel de Karatchi a été construit depuis peu à l'embouchure de l'Indus et sa fortification a été réclamée par le général Napier. C'est là que peuvent arriver le plus rapidement les renforts d'Europe et c'est aussi de là que partent les communications les plus directes et les plus promptes avec la place projetée à Kettah, destinée à surveiller et à appuyer Kandahar et Caboul et à couvrir l'Indus.

A l'est de ce fleuve, Mandwi, à l'entrée du golfe de Cutch, est le port le plus commerçant entre Karratchi et Bombay. Mais les abords en sont difficiles à marée haute même pour les navires d'un tirant d'eau de 3 mètres. Du reste, un débarquement dans ce pays noyé de Cutch aboutirait à une véritable impasse. Toute la côte, jusqu'à Bombay, est dangereuse; les approches de cette ville n'échappent pas non plus à ce défaut et cependant c'est là que s'élève la capitale maritime de l'Inde. Sur la voie la plus courte et la plus directe d'Europe, Bombay est aussi le point de départ de nombreuses voies ferrées qui se dirigent sur Haiderabad, sur Allahabad, sur Nagpour et sur Madras. Son rayonnement territorial sur toute l'Inde est des plus complets et des plus puissants, et elle surveille en outre l'agglomération musulmane sans être trop éloignée de l'Afghanistan.

Le *Bulletin militaire de l'étranger* (26 juin 1875) relate en détail ses fortifications; mais la ville s'est singulièrement accrue depuis quelques années et elle occupe maintenant presque toute l'île de Bombay : ce qui a nécessité la destruction de l'enceinte bastionnée à la pointe sud. Le plus coûteux et le plus important des ouvrages est le fort élevé sur le Middle Ground Shoat, au milieu de la rade, à 1,600 mètres du rivage. Un autre fort, à l'extrémité sud de la rade, à 900 mètres environ de la terre ferme, a été construit sur l'Oyster Rock et croise ses feux avec un troisième ouvrage établi sur Cross Island.

Au sud de Bombay, la rade et le port de Djoudjira pourraient devenir un des meilleurs abris de cette côte. Les navires, sans avoir à franchir de barre, pourraient y trouver plus de 6 mètres d'eau à marée basse. L'ancienne ville de Goa, aux Portugais, est actuellement en ruines ; le port est envasé et les environs sont transformés en marais. Au sud de cette possession portugaise, le littoral se poursuit en ligne droite par la côte de Canara. Resserrée par les Ghats qui s'approchent de fort près de la mer, la côte est peu abordable et les débouchés par terre sont difficiles et sans objectif territorial important à portée. La côte de Malabar est un peu moins resserrée par les montagnes ; les ports sont plus nombreux, quoique laissant toujours à désirer, et les communications du côté de la terre sont plus faciles.

Mahé est une des meilleures positions maritimes sur cette côte occidentale de l'Inde, et elle jalonne bien avec Obock notre route vers l'Orient. Calicut est la plus grande ville du Malabar, mais son port est séparé de la haute mer par une barre de 4 mètres d'eau à marée basse.

Le littoral ouest de l'Inde n'offre guère, comme on le voit, que trois objectifs territoriaux : Karratchi, Bombay

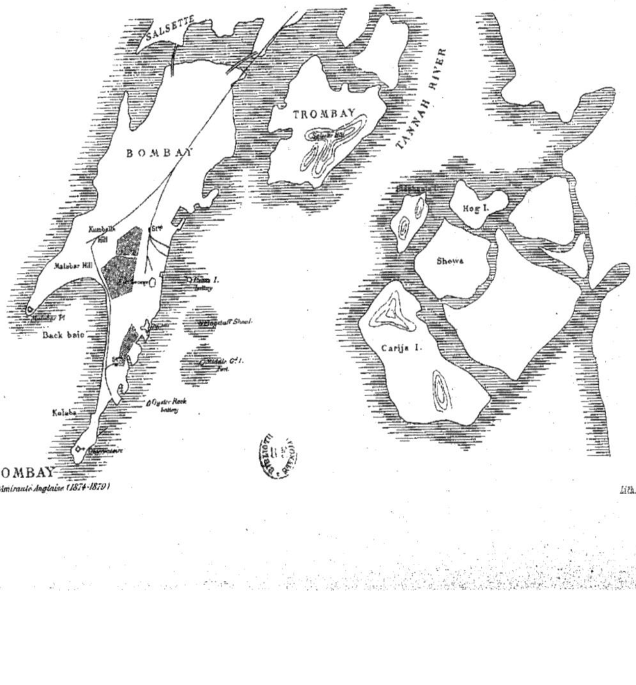

BOMBAY

Carte de l'Amirauté Anglaise (1874-1879)

Lith. Berger-Levrault & Cie Nancy.

et la pointe sud de l'Indoustan. Les objectifs intermé-
diaires entre Bombay et Mahé présentent trop peu d'a-
vantages pour compenser les risques d'une attaque dans
cette direction.

La question serait toute différente si l'on se trouvait en
face d'une grande insurrection contre l'Angleterre. Les
objectifs qu'il est impossible de prévoir d'avance seraient
peut-être ceux par où on communiquerait le plus sûrement et le plus aisément avec le centre de gravité de l'insurrection et avec les objectifs décisifs qu'elle pourrait
avoir en vue. Mille circonstances imprévues, dépendant
des forces bien plus que du terrain, entreraient alors en
jeu. L'imperfection de la côte, dans ce cas, se retournerait
contre l'Angleterre en ne lui fournissant pas de points
susceptibles de surveillance et de commandement qu'elle
puisse à l'avance nettement déterminer.

Côte orientale et Ceylan. — Entre le cap Comorin, le
pont d'Adam et la côte occidentale de Ceylan, s'étend le
golfe de Manaar. Son littoral du côté de l'Hindoustan
n'est qu'une plage de sable mal abritée et dangereuse. On
n'y rencontre que le port de Touticorin, et encore, ce port
est loin d'être bon. La plage se prolonge en pente insensi-
ble au-dessous des flots et force les navires à mouiller à
4 kilomètres du rivage et à communiquer avec la terre au
moyen d'embarcations de faible tonnage. Ce qui a donné
quelque importance à ce port c'est la construction du chemin de fer de Touticorin à Madoura, chemin de fer permettant aux produits de Malabar d'éviter le détour à l'est
de Ceylan.

Les côtes du golfe de Palk et du Delta de la Covéry

sont périlleuses ; presque tout le mouvement maritime s'est établi au nord du Delta par Pondichéry et Madras, qui le centralisent aujourd'hui. Négapatam, à cause de son chemin de fer, a conservé quelque vie et commerce avec Ceylan, Rangoun et Singapour. Le port de Karikal, le deuxième comptoir français de l'Inde en importance commerciale, reçoit des bâtiments de 200 tonneaux. Porto-Novo et Cuddalore ne peuvent être utilisés que par le cabotage. A côté de cette dernière ville, se trouvent les ruines du fort Saint-David, capitale des possessions anglaises de l'Inde méridionale en 1746-1752. Viennent ensuite notre rade de Pondichéry, peu sûre et peu fréquentée, et Madras. La mer est dangereuse sur toute cette côte de Coromandel ; seule la rade Blackwords Harbour offre un bon mouillage et des profondeurs de 10 mètres près du rivage. Madras, bien que mauvaise position maritime, exerce un rayonnement puissant sur la partie centrale du Deccan, dont tous les grands bassins viennent se déverser sur la côte au midi et au nord de cette ville.

Les deux ports de l'embouchure de la Kistna, Nisampatam au sud, Masulipatam au nord, envasés par les alluvions, ne sont accessibles qu'à de petits caboteurs. Les cyclones y sont terribles. Les bouches de la Godavéry avoisinent au nord celles de la Kistna ; tous les ports du delta de cette rivière sont mauvais et dangereux. La côte continue toujours dans d'aussi détestables conditions nautiques jusqu'à Vizagapatam, débouché important et mouillage protégé par un promontoire.

La côte d'Orissa commence avec les bouches de la Maha-Haddi ; les bancs de sable changeants qui bordent la côte et les limons qui ferment les bouches de cette rivière empêcheront longtemps les navires européens d'approcher du littoral. En 1860 des négociants français de Calcutta se hasardèrent de faire pénétrer leurs navires dans la Maha-Haddi par l'embouchure de False-Point. Bien exploré maintenant, pourvu de bouées, de balises et de fanaux, False-Point est devenu l'un des ports les moins difficilement accessibles de la côte orientale. Protégés par une langue de sable contre la mousson du sud, les navires mouillent en sécurité dans la rade par 7 et 8 mètres d'eau ; mais il est à craindre qu'ils n'aient prochainement à chercher un autre abri à cause des empiétements des vases sur la baie.

La côte forme plus loin, plus à l'est, un vaste demi-cercle rentrant dans les terres pour aller gagner de là le dédale des terres inondées, formées par les embouchures du Gange et du Bramapoutre.

Calcutta, la capitale de l'empire anglo-indien, est à 128 kilomètres de la mer. Les approches de la riche cité sont protégées en aval par le fort William, construit au siècle dernier sur la rive gauche de l'Hougli. Le système de défense actuel, entièrement insuffisant, sera probablement sous peu complété. La question est à l'étude et l'on a proposé de construire un fort à Chingri-Khal, à 40 milles en amont de l'embouchure de l'Hougli. Un autre fort serait élevé à Falta, à 15 milles en amont. Une commission d'expérience des torpilles, présidée par le colonel Hyde, a décidé que 5 systèmes de torpilles seraient placés dans le fleuve en différents points pour concourir avec des canonnières à la défense de la ville.

Le colonel Servais appuie la proposition faite de construire des batteries armées de puissants canons rayés à Chingri-Khal et à Falta. Il approuve aussi le projet de l'emploi de mines sous-marines destinées à maintenir l'ennemi sous le feu des canons de ces ouvrages et pense également qu'il serait désirable qu'on se pourvût de canonnières appropriées à la défense de l'Hougli. Le fort William est regardé comme un arsenal très sûr et comme un lieu de refuge dans le cas d'une insurrection indigène.

Le prix des ouvrages projetés pour la défense de Calcutta est évalué à 160,000 livres.

Les objectifs territoriaux de la côte orientale de l'Hindoustan semblent aussi bornés que ceux de la côte occidentale. Attaquer la pointe méridionale ou Madras, sans être maître de Ceylan, serait fort difficile.

Une attaque sur Calcutta sans l'occupation de Rangoun ne pourrait guère être qu'une attaque brusquée, une sorte de coup de main. Bien entendu, si un grand soulèvement éclatait, la question serait tout autre. Il ne s'agirait plus tant de terrain que de forces; et ce serait vers le centre de gravité de l'insurrection, et vers son objectif décisif qu'il y aurait lieu de se porter. On aurait alors moins à se préoccuper de ses communications, car on serait assuré de trouver dans la rébellion une base sûre ou facile à rendre telle. L'imperfection naturelle de la côte, au point de vue d'un débarquement, est peut-être encore plus prononcée qu'à l'ouest, et aurait probablement les mêmes résultats.

Ceylan est la citadelle maritime et continentale de

l'Inde, dont elle est séparée par le détroit de Manaar. Elle a la forme d'une poire, la pointe au nord, au centre un noyau de montagnes, sorte d'immense acropole formant une enceinte gigantesque autour de Kandy. Ce massif en partie couvert de forêts est entouré par un littoral fertile où se trouve groupée la plus grande partie de la population.

Ses côtes droites, semblables à celles de l'Inde, ne sont pas meilleures, quoiqu'on y trouve le magnifique port de Trinquemalé. Elles sont généralement basses et embarrassées de nombreuses lagunes dans toute la partie nord-est et nord-ouest. La pointe septentrionale de l'île est à peu près inabordable, à cause du peu de profondeur de l'eau. Colombo, la capitale de l'île, a un port artificiel, petit mais sûr, avec une entrée difficile. Cette ville est réunie à Kandy par un chemin de fer qui doit être prolongé sur Trinquemalé ; elle est composée de deux villes, la ville noire et le fort, ancienne fortification hollandaise.

La côte se poursuit sans saillies prononcées jusqu'à Pointe-de-Galles, remarquable par sa position à l'angle sud-ouest de Ceylan. Pointe-de-Galles occupe un promontoire rocheux, entouré d'une enceinte bastionnée. De cette ville à Batticalo, la côte décrit un vaste demi-cercle et présente toujours aussi peu d'abris et de mouillages. Le seul port naturel de Ceylan est la superbe rade de Trinquemalé. Sans commerce à cause de sa position excentrique, cette magnifique position maritime est formée par deux langues de terre allongées et accidentées, se détachant du corps de l'île et à 6 ou 7 kilomètres de distance l'une de l'autre. Elles courent parallèlement l'une à l'autre nord-ouest-sud-est et s'épanouissent à leur extrémité méridionale sur la rade en un massif montueux. Une vaste baie de forme à peu près carrée s'ouvre au sud-est, enserrée entre elles et protégée par plusieurs îles du côté de la mer. Deux forts : Frédéric et Ostenburg, défendent Trinquemalé et s'élèvent l'un sur une saillie extérieure de la lagune de terre septentrionale, l'autre à l'entrée de la grande baie.

Défense territoriale de l'Inde. — Parler de la défense territoriale de l'Inde, c'est étudier une partie du vaste théâtre de guerre de la Russie et de l'Angleterre. Donner des détails précis sur une question aussi complexe est fort malaisé pour ne pas dire impossible. Il y a bien des inconnus; les combinaisons même territoriales sont nombreuses, très étendues et fort susceptibles d'accidents imprévus par suite de l'ampleur des échiquiers et des intérêts multiples et compliqués qui s'y agitent. Il est une chose certaine, c'est que la Russie n'a pas intérêt à se développer trop vite aussi bien au sud du Caucase que vers l'Afghanistan. De nouvelles annexions pourraient être difficiles à digérer actuellement en présence des événements européens qui peuvent exiger l'emploi de toutes ses forces sur un théâtre de guerre beaucoup plus sérieux.

Parmi les nombreux projets de défense de la frontière occidentale des Indes, il nous a paru intéressant de relater en quelques mots celui tout récent du major général Sir Henry Rodes Green, paru en 1885 dans *The nineteenth Century.*

« Il faut perdre, dit-il, l'idée encore actuellement

admise par quelques-uns qu'Hérat soit la clef des Indes. L'opinion en Angleterre a bien changé depuis 30 ans sur le danger que couraient les Indes par suite de l'occupation de cette ville par les Russes. Elle ne vaut assurément pas les sacrifices et les dépenses que l'Angleterre pourrait faire pour l'occuper solidement ; tandis que les Russes, au contraire, ont grand intérêt à s'en emparer. Tous leurs efforts tendent vers ce but et ils y arriveront certainement.

« La frontière des Indes de Peschawer à Kerratchi présente une longueur de 750 milles environ et suit les monts Soliman dont les passes les plus importantes sont celles de Bolan et de Khyber. A l'est coule l'Indus, qui n'est navigable qu'au-dessous de Peschawer et qui redouble la ligne de défense constituée par les Soliman. A l'ouest de cette chaîne de montagnes de Khyber à Bolan, s'étend l'Afghanistan dont les populations sont impossibles à dominer et où une petite armée, d'après le duc de Wellington, serait détruite et une grande armée destinée à mourir de faim. Au sud de Ketta, que le général John Jacob proposait dès 1855 de défendre, se trouve le Béloutchistan, impraticable avec des montagnes de 4,000 à 7,000 pieds. Le plateau de Ketta se prête bien à l'organisation d'un camp retranché et pourrait recevoir de Londres, en moins de trois semaines, une armée européenne qui, amenée jusqu'à Kerratchi par mer, prendrait le chemin de fer reliant cette ville à Ketta. Cette position appuierait le flanc gauche des Soliman, rendus difficilement franchissables en fermant les principales passes par des ouvrages à Mithencote, Dehra Gazee Khan,

Bunnoo, Kohat et Peschawer. L'Indus, sur toute cette longueur des Soliman, est partout navigable et mesure en été de 4 à 5 milles de largeur. Cette splendide rivière pourrait être défendue par des canonnières et des torpilleurs et redoublerait la ligne de défense constituée par les montagnes.

« Peschawer appuierait le flanc droit de la position. Organisée en camp retranché, cette ville jouerait le même rôle que Ketta avec qui elle serait en relations faciles par le chemin de fer longeant l'Indus.

« D'après le major général Sir Green, il faudrait aux Russes 200,000 hommes et 600 canons avec un nombre innombrable de chameaux pour menacer sérieusement le grand rempart des Indes. Une telle concentration de forces serait bien difficile et la traversée de 500 milles à travers l'Afghanistan exigerait de nombreux mois et des fatigues inouïes[1]. Les Afghans sont très indépendants, difficiles à maîtriser et l'occupation de leur pays par la Russie ne serait qu'une pauvre acquisition et augmenterait considérablement ses dépenses coloniales, déjà énormes. Quant aux intrigues que les Russes pourraient tenter de là pour soulever les populations hindoues, Sir Green y attache peu d'importance, persuadé qu'avec leur réputation de dureté, la domination des Russes est plus redoutée que celle des Anglais. »

---

1. Pour des corps de troupes de 5,000 à 6,000 hommes environ venus du Caucase et du Turkestan, lors de l'expédition de Skobeleff contre Géok-Tépé, il a fallu près de 20,000 chameaux. L'expédition contre Kiva, composée de 53 compagnies d'infanterie, 25 sotnias, 54 canons, exigea un convoi de 19,000 chameaux.

Le plan de défense complet des Indes demanderait une dépense de 80,000,000 de livres en y joignant les fortifications de Ceylan et celles de Singapoor, d'Aden et de Périm qui en commandent les approches. On n'en est plus, comme on le voit, en Angleterre, à l'anxiété qui se manifesta en 1869 à la nouvelle que les avant-postes du Tzar avaient atteint l'Oxus. Les chances des Russes d'atteindre Hérat sont donc indiscutables. Cette ville offre trop de ressources pour qu'ils ne tentent pas énergiquement d'y arriver. De Batoum à Bakou le trajet en chemin de fer est de 8 heures ; de cette dernière ville, les vapeurs, traversant la Caspienne, se rendent à Michaïeloff en 24 heures ; enfin le chemin de fer prolongé d'Askabad à Saraks peut amener des troupes du Caucase en moins de 5 jours à 100 milles d'Hérat.

L'Angleterre au contraire est à plus de 470 milles d'Hérat, qu'elle ne peut atteindre des Indes qu'après 47 jours de marche à travers un pays toujours aride.

Dans la *Revista militar Española,* 1er semestre 1887, a paru un article intéressant sur le théâtre de guerre probable entre l'Angleterre et la Russie. Les conclusions sont un peu contraires à celles du général Sir Green. L'on propose comme base des opérations anglaises les Snowy Range, qui dominent Candahar. Ces hauteurs jouissent sur les Soliman de nombreux avantages ; le front de la ligne de bataille de Caboul à Candahar est de 350 milles, tandis que celui des Soliman de Peschawer à la passe de Khojak est de 600 milles. Les montagnes et les ravins de la ligne Caboul-Candahar sont bien plus hauts et bien plus profonds ; ils sont couverts de neige pendant plusieurs mois. Les passes, plus rares, convergent en grande partie vers Caboul, de telle sorte que l'armée ou la position retranchée qui en couvre une, les surveille tous.

Il a été dernièrement question en Angleterre d'un projet d'offensive contre la Russie par la vallée de l'Euphrate, tout en restant sur la défensive du côté des Soliman. On parlait même de deux corps d'armée prêts à quitter l'Angleterre pour tenter cette expédition dès les premiers bruits de guerre. Cette armée basée sur le golfe Persique, appuyée à droite par les Turcs défendant Erzeroum, Trébizonde et Sivas, à gauche par les Persans à Choï, Tauris, dans le Gilan et le Masendéran, pourrait constituer une sorte de guerre d'Espagne sur ce terrain où la guerre aux forces est bien difficile à faire. Le premier élan des Russes arrêté, l'offensive ressaisie, l'attaque du Caucase par l'est, le moyen Araxe, Schuscha et Élisabethopol produirait d'immenses résultats. L'Asie serait perdue pour la Russie et le bassin du Volga bien en prise.

Mais pour agir contre le système fortifié du Caucase, qui, avec celui de la Pologne, est un des deux grands points d'appui de la puissance russe, il faut des forces nombreuses. Par suite de la rareté des routes, du peu de ressources du pays et de la multiplicité des obstacles naturels, ce théâtre de guerre se partage en de nombreux théâtres d'opérations distincts. De plus, il n'est nullement préparé du côté anglais : le chemin de fer de l'Euphrate n'est pas construit, les communications sont excessivement rares et les positions principales mal approvisionnées. A côté de ces questions secondaires, l'Angleterre peut-elle compter assez sur la Turquie et surtout sur la Perse pour se mettre ainsi à leur discrétion ? Le Caucase est une position qui, pour produire son effet sur l'Asie centrale et la Russie méridionale, a besoin d'être attaquée, puis occupée par des forces continentales très nombreuses. L'intérêt de l'Angleterre est surtout dans l'action maritime. Si elle établit l'action capitale en Arménie, elle laisse en prise l'isthme de Suez et l'Égypte, qui sont d'une importance suprême pour les Indes. Leur perte serait un désastre irréparable ; aussi la question maritime restera-t-elle toujours la grosse affaire pour l'Angleterre.

Limiter la lutte, la circonscrire dans le bassin oriental de la Méditerranée, en compléter l'occupation et le commandement par Candie, Thasos et Mételin : telles sont sans doute les intentions du gouvernement britannique. Ce ne serait que dans le cas de succès décisifs dans la Méditerranée et sur l'Indus, qu'il pourrait et aurait intérêt à transporter les opérations en Arménie.

Pour couvrir les Indes du côté de la Chine et augmenter leur action, les Anglais ont entrepris dernièrement la conquête de la Birmanie et se sont annexé une grande partie de ce pays. Leur visée est d'atteindre Tali, la capitale du Yunnam. Ils menaceraient ainsi le Tonkin, dont ils compléteraient l'investissement au nord, domineraient le Yang-tse-Kiang et attireraient à eux tout le commerce de la Chine méridionale, en créant le chemin de fer Mandeleh-Bahmô-Tali. Maîtres d'un pays mahométan qui, il y a 15 ans, s'est soulevé contre l'élément chinois, ils seraient à portée de Bathang, point d'un grand rayonnement, et mettraient l'empire des Indes dans une situation formidable vis-à-vis de la Chine. (Tiré de *Travels of a pioneer of Commerce*, par Cooper, 1871.)

Birmanie britannique. — Le littoral de la Birmanie britannique, dont dépendent les îles Andaman et Nicobar, commence la grande branche orientale de l'M dessiné par l'Océan Indien.

La Birmanie britannique couvre l'Inde à l'est et domine toute la Birmanie.

C'est une base solide, puissante et riche en ressources pour commander par terre la tête de l'Indo-Chine, bloquée par mer par : Singapour, Labouan, Bornéo et Hong-Kong. L'Angleterre n'est pas loin de l'importante position de Bhamo, où elle aura bien des facilités pour établir avec le Yunnam et l'intérieur de la Chine des communications susceptibles de faire une sérieuse concurrence au commerce du Tonkin. Les côtes sont moins inhospitalières que celles de l'Inde ; elles sont plus accidentées et présentent plus d'abris.

Tschittagong est le principal entrepôt du commerce extérieur du bassin du Bramapoutre ; un chemin de fer doit sous peu le joindre aux voies ferrées du Bengale. La ville la plus importante entre le Bramapoutre et le cap Negrais est Akjab, point de convergence des routes de l'intérieur et sur la ligne la plus courte de la côte à Awa, capitale de la Birmanie. A l'est du cap, sont les deux grandes positions maritimes de la colonie anglaise : Rangoun et Mulmen qui ont aussi une puissante action continentale. Le colonel Servais demandait en 1872 la construction de deux batteries, l'une à Chokey-Point pour protéger Rangoun et l'autre dans le voisinage de Mulmen (*Revue militaire de l'étranger* 1875).

La côte de Tenasserim prolonge le littoral de la Birmanie britannique jusqu'à l'isthme de Krà et présente quelques baies remarquables (Tavoi) qui prendront de l'importance quand des communications seront établies avec le royaume de Siam. On a projeté de couper l'isthme de Krà au moyen d'un canal afin d'éviter le détour de Singapour, pour se rendre dans les mers de Siam et de la Chine.

Les îles Andaman et Nicobar prolongent la chaîne de l'Arakan et couvrent à l'est le golfe du Bengale. Groupe de 8 îles, minces et longues, entourées d'îlots, de bancs et de rochers, les îles Andaman sont habitées par une population tombée au dernier degré de l'échelle sociale et ont un climat chaud, humide et malsain. On trouve à leur partie méridionale un port magnifique, le port Blair où les Anglais ont établi un pénitencier.

Les îles Nicobar sont rocheuses, fertiles mais malsaines. Un établissement pénal a été construit dans l'île Camorta au nord du port de Nangkauri, port admirable qui communique par des chenaux avec la mer.

Établissement des détroits. Ile Poulo-Pinang. — Cette île dont l'Angleterre a pris possession en 1785, est à l'entrée du détroit de Malacca, beaucoup plus rapprochée de la péninsule malaise que de Sumatra. C'est surtout une position commerciale.

Constituée par un massif montueux, Poulo-Pinang affecte la forme d'un rectangle irrégulier dont les grands côtés, nord-sud, sont parallèles à la presqu'île de Malacca.

Georgetown, la capitale de l'île, se trouve à l'angle nord
est et compte 60,000 habitants ; son port peut recevoir
d'assez gros navires et fait un commerce considérable.

Province de Wellesley. — Séparée de Poulo-Pinang
par un détroit de 9 à 10 milles de large, cette province
n'a pas de villes importantes et s'étend sur 40 milles de
longueur le long de la mer.

Pérack et Salangore. — L'Angleterre a continué ses
progrès dans l'épatement terminal de la presqu'île de
Malacca en établissant en 1875 son protectorat sur les
petits États de Pérack et de Salangore.

Les villes importantes sont : Kwala-Kangsa et Kolang
qui se livrent à une active exploitation de minerai d'é-
tain.

L'île de Dinding, en face de l'embouchure du Pérack,
est comme une tête de pont pour dominer le pays.

Malacca. — Cette petite province, à 240 milles de Pi-
nang et à 120 de Singapour, s'étend sur 40 milles de longueur. Sa capitale Malacca, 5,000 habitants, possède un
assez bon port, mais est bien déchue de son ancienne importance.

Singapour. — Cette ville est devenue la grande position maritime, militaire et commerciale des détroits et a
été fondée en 1819 sur l'île du même nom. Située à l'extrémité méridionale de la péninsule, entre les caps Roma-
nia et Bourou, cette île est habitée surtout par des Chinois. Sa forme générale approche assez de celle d'un
losange dont les côtés auraient une trentaine de kilomètres de longueur.

La ville est établie dans une échancrure demi-circu-

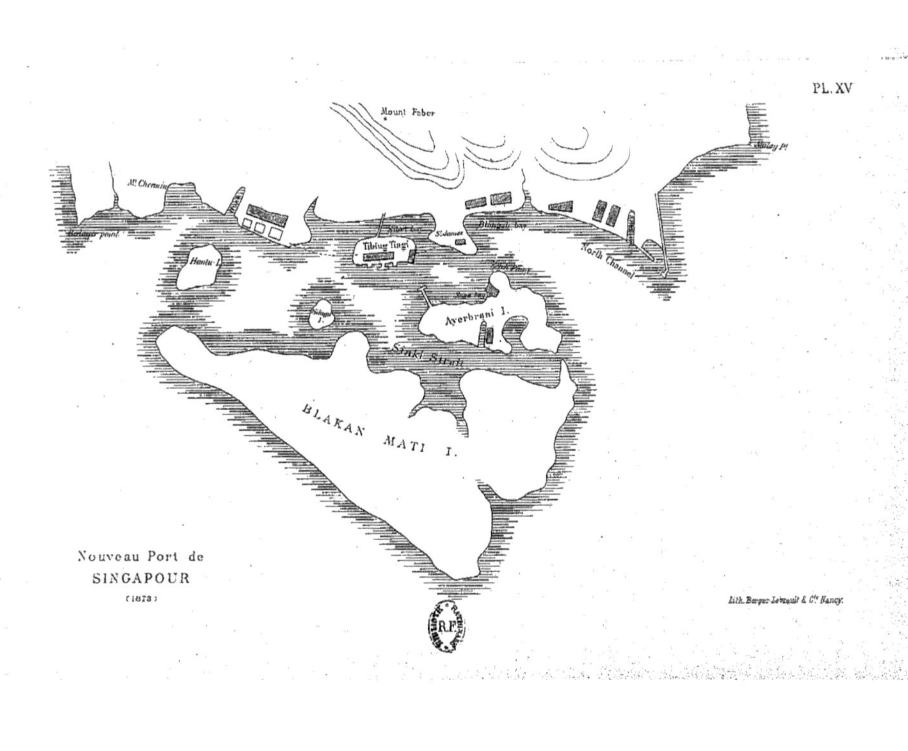
PL. XV
Mount Faber
Malay Pt
Mt Chenning
Selinger point
Blangah Bay
Short Id
St James
North Channel
Hantu I.
Tiblung Tingi
Dock Pt
Ayerbrani I.
Sinki Strait
BLAKAN MATI I.
Nouveau Port de
SINGAPOUR
(1878)
Lith. Berger-Levrault & Cie Nancy.
R.F.

laire de la face sud-est du losange, au fond d'une vaste rade ouverte dont la convexité est au nord-ouest.

Une batterie sur une saillie de la côte, vers le milieu de la rade, et un fort sur une hauteur en arrière ne constituent plus des défenses suffisantes. Un nouveau port d'ailleurs, bien supérieur à l'ancien, s'est établi au sud dans un bras de mer entre la pointe méridionale du losange et les îles de Blakan-Maté et Ayerbrani. Ce port bien muni de docks et d'établissements maritimes de toutes sortes ne fait plus qu'un avec Singapour et est devenu la partie la plus importante de la position. Il est dominé au nord par le mont Faber qui forme la pointe extrême du losange et semble devoir devenir la citadelle de la position.

Iles Saint-Paul et la Nouvelle-Amsterdam. — Ce sont deux îles montueuses et volcaniques, stériles et inhabitées qui se trouvent à 2,500 kilomètres au sud-est de Bourbon. Situées sur la route des bâtiments qui vont du Cap en Australie, elles offrent une relâche quelquefois utile dans ces mers dangereuses.

Océan Pacifique.

L'Océan Pacifique occupe un immense demi-cercle, dont la convexité est tournée au nord, l'ouverture au sud. La régularité de ce demi-cercle est dérangée par la saillie que font l'Asie australe, les îles de la Sonde et l'Australie. Une traînée d'îles s'égrenant, s'émiettant au fur et à mesure que l'on s'avance des mers de Chine vers l'isthme de Panama, coupe ce demi-cercle à peu près en deux et suit la direction générale de l'équateur.

L'Australie, à la jonction de l'Océan Indien et du Pacifique, en communication avec la mer de la Sonde, en relation aisée et proche avec les mers de Chine et du Japon, est le nœud des îles principales de toutes ces mers, et est, par sa position face à l'angle de l'Inde et de la Chine, susceptible d'un rayonnement des plus puissants et des plus étendus.

Elle peut concentrer toutes les ressources maritimes de l'Orient et devenir pour cet Orient un foyer maritime symétrique de celui de la Grande-Bretagne pour l'Occident. Seule et isolée, l'Australie serait peu de chose ; ce n'est qu'un tronc qui demande à être complété par les îles qui forment autour d'elle une membrure aussi puissante qu'active.

A l'Océan Pacifique proprement dit se rattachent les mers de la Sonde, de la Chine, la mer Jaune et la mer du Japon.

Mer de la Sonde. — Allongée dans le prolongement de la péninsule de Malacca, entre Sumatra, Java, Bali, etc., au sud ; Bornéo, Célèbes, Céram, au nord, cette mer est presque tout entière aux mains de la Hollande. La Grande-Bretagne, il est vrai, la surveille de près et menace les deux centres de la puissance hollandaise, Java à l'ouest et Amboine à l'est, par Singapour, Labouan et Bornéo ; par l'Australie septentrionale enfin elle fait face à la Nouvelle-Guinée.

Mer de la Chine. — Cette mer enveloppe et bloque pour ainsi dire la côte orientale de l'Indo-Chine comme la côte occidentale est bloquée par la Birmanie britannique et les établissements du Détroit ; elle flanque la mer de la Sonde et établit les communications usuelles de l'Océan Indien aux côtes de Chine et du Japon. Ses trois entrées sont commandées par Singapour, Labouan-Bornéo et Hong-Kong.

Labouan, à 6 milles environ de la côte nord-ouest de Bornéo, a été cédée en 1846 à l'Angleterre. Elle a la forme d'un triangle isocèle, dont le sommet est tourné vers Bornéo. Elle possède un bon port et des mines de houilles de bonne qualité. C'est une étape excellente sur l'importante ligne : Hong-Kong, Shanghaï, Quelpaert.

Bornéo-Nord. — Cette partie de l'île, occupée depuis peu par une compagnie anglaise, a l'avantage de présenter une saillie beaucoup moins compacte que le reste de l'île. Entourée par la mer de trois côtés, avec de bons ports, c'est la partie de Bornéo la plus sensible à la pression maritime.

Hong-Kong. — En face de Canton, le grand centre commercial de la Chine, Hong-Kong commande l'extrémité nord de la mer de Chine et les abords du canal de Formose. Une crête allongée de l'ouest à l'est forme le squelette de l'île ; cette crête est jalonnée par les monts Davis, Gough, Victoria et réunit le cap Collinson au cap Sheegthong. Elle tombe presque à pic sur la côte nord, ne laissant entre elle et la mer qu'un espace très resserré sur lequel est établi Victoria, la capitale de l'île, à peu de distance de l'origine de cette crête à l'ouest.

En face et au nord de Hong-Kong, deux pointes de terre embrassent entre elles la baie de Kowlon où s'élèvent des établissements anglais.

Hong-Kong a été cédée à l'Angleterre en 1843, Kowlon en 1861.

Le port de Victoria et la rade de Kowlon offrent de grands avantages de sécurité.

La rade de Hong-Kong, qui occupe sur la liste des ports de l'Empire britannique le troisième rang, présente une superficie de 26 kilomètres carrés et son importance va encore s'accroître de l'ouverture récente de la voie ferrée reliant Montréal à Port-Moody, à travers le continent canadien.

Les Anglais s'occupent activement de fortifier Hong-Kong, car les batteries existantes sont insuffisantes et sont d'ailleurs peu nombreuses. Deux batteries défendent la passe du côté de l'est à North-Point et dans la presqu'île de Kowlon et ne sont distantes que de 1380ᵐ. Du côté de l'ouest, le port est défendu par la batterie de l'îlot de Stone-Cutters et par la batterie de West-Point. Près de la ville, une 5ᵉ batterie domine la ville chinoise et la tient en respect. Sur le rapport de l'inspecteur général des fortifications, il fut voté un crédit de 1,390,626 fr. qui fut bientôt reconnu insuffisant et fut porté à la somme de 2,900,000 fr., non compris les 3 millions que le gouvernement vota pour l'armement. Cet argent servira à établir un fort à la pointe Est de Shan-ki-Wan, pour rendre infranchissable la passe de Ly-ee-moon, et un second fort à l'extrémité ouest de l'îlot de Stone-Cutters. Trois batteries enfin, élevées au-dessus du fort de West-Point, seront destinées à protéger et à soutenir de leurs feux cet ouvrage. (*Revue militaire de l'étranger,* mars 1887.)

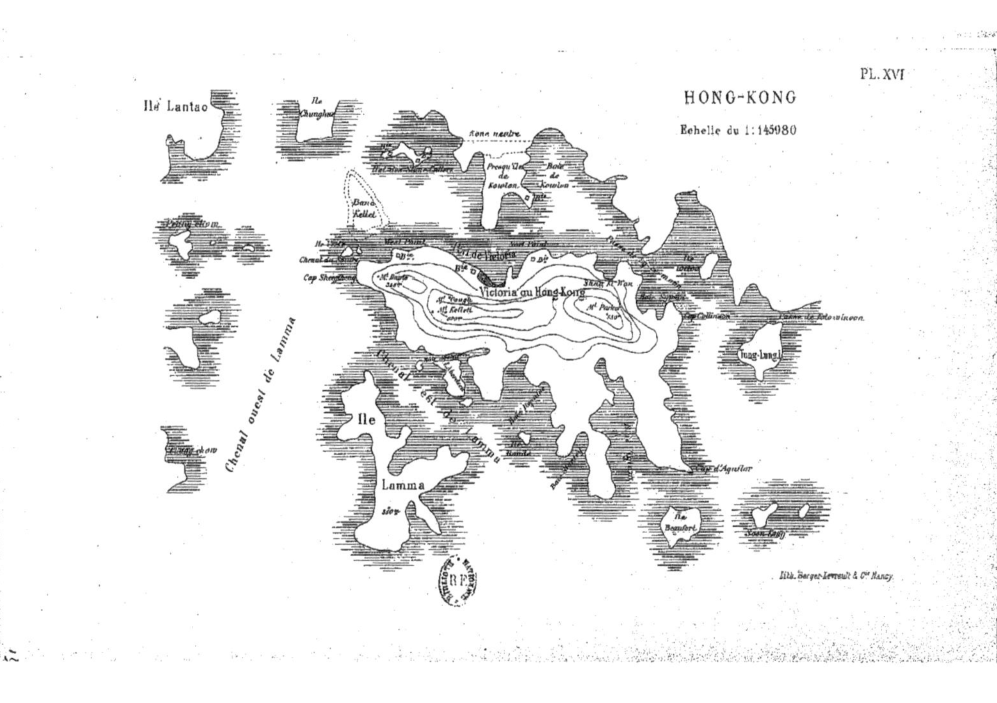
PL. XVI
HONG-KONG
Echelle du 1:145980
Ile Lantao
Ile Chunghue
Rosn neutre
Presqu'île de Kowloon
Bois de Kowloon
Banc Kellet
Cap Sheungwan
Mt Butts
Mt Gough
Mt Kellett
Ile de Victoria
Victoria ou Hong-Kong
Mt Parker
Shau Ki Wan
Ile Collinson
Passe de Totowinoon
Tung-lung I.
Ile
Lamma
Chenal ouest de Lamma
Chenal est de Lamma
Ile Beaufort
Ngan-kan I.
Cap d'Aguilar
Lith. Berger-Levrault & Cie Nancy.

Malgré ces sacrifices, la défense de l'île ne saurait être complète et indépendante de la flotte sans une forte augmentation de la garnison, qui compte à peine un millier d'hommes pour la défense mobile et qui aura pour mission d'empêcher un débarquement dans la partie méridionale de l'île.

Mer Jaune et mer du Japon. — Le canal de Formose conduit à la mer Jaune et à la mer du Japon. La grande position maritime près le littoral chinois dans cette direction est celle des îles Chusan, à l'embouchure du Yang-tse-Kiang, la grande artère de la Chine. Ces îles, formant échelon, après Hong-Kong, sur la route de Pékin, de la Corée et du Japon, n'appartiennent pas à l'Angleterre ; mais les Chinois ont signé un traité par lequel ils s'engagent à ne jamais les céder à une autre puissance qu'à la Grande-Bretagne. A l'entrée de la mer Jaune et de la mer du Japon se trouve l'île de Quelpaert, dépendance de la Corée. C'est encore un sujet de convoitise pour l'Angleterre qui, de là, surveillerait Pékin, la Corée, le Japon, les îles Tsoutzima et barrerait aux Russes le débouché dans une mer ouverte, libre de glaces en toute saison.

La mer Jaune est d'une grande importance. C'est la base des opérations maritimes contre Pékin et contre la Corée, le principal nœud de la politique dans l'Extrême-Orient. La Chine a fortifié considérablement, depuis quelque temps, Port-Arthur, qui commande au nord le débouché de la mer Jaune dans les golfes du Petchili et de Liao-tong.

Mer du Japon. — La mer du Japon est resserrée entre

les possessions russes et japonaises. Les Russes y ont créé le grand port de Wladivostok, mais ce port est encombré par les glaces pendant l'hiver. Sans l'Angleterre, qui convoite Quelpaert pour les empêcher de déboucher, ils auraient occupé les îles Tsontzima (ou Tsu-schima).

La rive japonaise, sur cette mer, est serrée de près par les montagnes; aussi, le Japon, peuplé et commerçant, fait plutôt face de l'autre côté sur les côtes du Pacifique. Le point sensible est le détroit de Simonoseki et la mer Intérieure. Leur occupation frapperait au cœur la puissance japonaise; celle de Yédo l'achèverait.

Océan Pacifique.

L'Angleterre occupe dans cet Océan une position très solide par l'Australie, la Nouvelle-Guinée, les Fidji, la Nouvelle-Zélande et la Colombie britannique, dans l'Amérique du Nord.

L'*Australie* est sa citadelle au midi et la Colombie britannique celle du nord. Cette base de l'Australie seule serait un tronc sans membres; elle a besoin d'être complétée, dans sa vie et son action, par les îles avoisinantes qui en sont les membres.

La partie importante de ce continent australien est la partie Est et Sud. L'Australie tourne pour ainsi dire le dos à l'Océan Indien, auquel elle se rattache par la position maritime de King George's-Sound.

Sidney est la grande position maritime et militaire; Melbourne est surtout une position commerciale. Sidney est bien plus centrale, son action territoriale et maritime bien plus étendue, bien plus complète et bien plus puissante. Les magnifiques et profondes baies qui l'avoisinent ajoutent à sa supériorité sur Melbourne.

L'Australie n'est pas encore suffisamment constituée comme État, pour que l'on puisse y bien déterminer l'harmonie à établir entre le terrain et les forces. Certaines positions, cependant, semblent déjà aujourd'hui pouvoir être indiquées comme ayant une valeur qui ne variera pas, et, à ce titre, elles semblent devoir être les bases de la puissance défensive du pays.

Sidney doit être la capitale militaire et être munie en conséquence. Après cela vient Melbourne, le centre commercial, déjà réuni à la première position par une voie ferrée.

D'après le major général Sir Peter Scratchley, mort dernièrement au retour d'un voyage d'études dans la Nouvelle-Guinée, l'Australie est dans une bonne situation pour ne pas avoir à redouter de grands dangers et une attaque sérieuse. Sa position éloignée de toute puissance importante la met à l'abri et les seules attaques qu'elle ait à craindre se réduisent soit à un bombardement ou à un blocus de port, soit à un débarquement de 1,000 à 1,500 hommes au plus, soit à une attaque de croiseurs pour ruiner le commerce ou lever des contributions.

Tandis que certains Australiens conseillent de ne faire aucune dépense pour la défense du pays, quitte à payer les contributions exigées par l'ennemi, Sir Peter Scratchley est d'avis de baser la défense de l'Australie sur la mer et de n'élever sur terre que quelques ouvrages armés de gros canons. Sur mer, au contraire, de nom-

breuses batteries flottantes, des canonnières et des torpilles pour barrer l'entrée des ports, et, pour l'offensive,
des croiseurs cuirassés et des torpilleurs.

L'amiral Wilson est d'un autre avis. Les défenses navales étant toujours fort coûteuses à entretenir, il trouve
qu'il n'y a pas lieu de constituer une flotte australienne.

Sans demander la création d'une flotte, bien inutile
tant que l'Angleterre aura le commandement des mers,
Sir Scratchley propose d'armer des navires de commerce
rapides pour résister aux croiseurs et de fortifier certains
points tels que Sidney, Melbourne, Brisbane, Newcastle,
Hobart et Launceston en Tasmanie.

A Sidney, il serait nécessaire d'avoir un cuirassé ou
une batterie flottante pour tenir tête aux plus forts croiseurs ennemis. Il faudrait y installer un corps de troupe
pour s'opposer à 1,500 hommes environ, et élever enfin
des batteries à Botany-Bay et au port Jackson, « le principal port de la colonie ».

A Melbourne, quelques batteries au port Philippe qui,
croisant leurs feux avec la batterie flottante le *Cerberus*,
fermeront la large entrée du port. Quelques bâtiments de
commerce armés et rapides mettront la ville et le port à
l'abri des petits croiseurs.

Pour la ville d'Adélaïde, même protection assurée par
de fortes batteries et par un vaisseau moins coûteux que
le *Cerberus*.

A Brisbane, dans le Queensland où un débarquement
est possible à Red-Cliffe-Point et à Cleveland-Point, il
propose des troupes et une canonnière à l'entrée de la
rivière.

AUSTRALIE

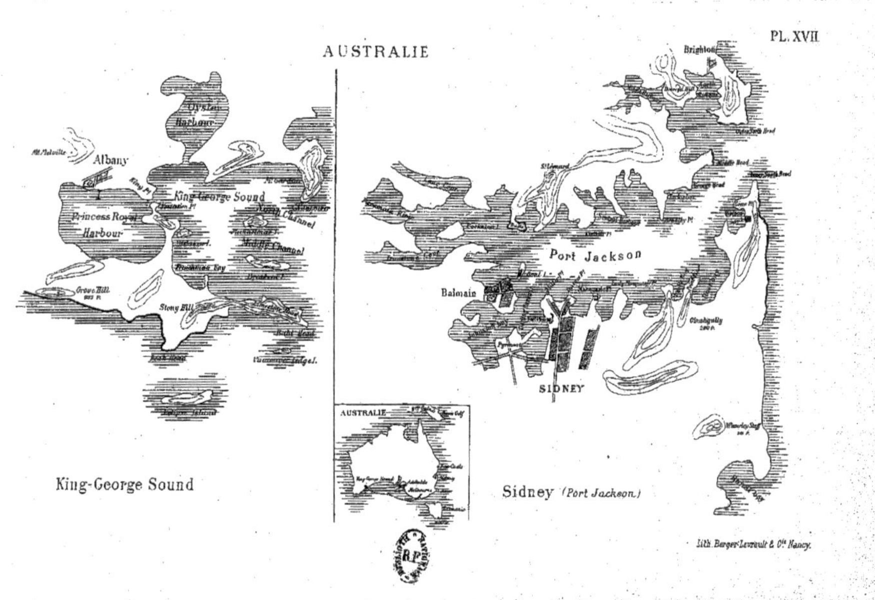

AUSTRALIE
Mt. Melville
Albany
Oyster Harbour
King Pt.
Princess Royal Harbour
King-George Sound
Frenchman Bay
Grove Hill
Stony Hill
Light Head
Vancouver Inlet
Brighton
St Leonard
Port Jackson
Balmain
SIDNEY
King-George Sound
Sidney (Port Jackson)
Lith. Berger-Levrault & Cie Nancy.

Dans l'Australie occidentale, le seul port de King George's-Sound est fort mauvais bien que dans une position stratégique importante. Son entrée est défectueuse et nuit au développement de toute cette partie de l'Australie. Il faudrait remplacer King George's-Sound par Perth et Fremantle réunis à Albany.

Le port de Newcastle pour lequel Scratchley demande une défense séparée de celle de Sidney, paraît actuellement le point le plus favorable à un débarquement. Le pays au nord n'est pas assez peuplé encore pour faire craindre pour ses derrières; l'on est à bonne distance pour investir Sidney et exercer une action dominante et étendue sur l'intérieur du pays.

Les défenses existantes sont peu de chose; mais les circonstances actuelles, la supériorité de la marine anglaise, l'éloignement des bases ennemies, etc., ne semblent pas demander davantage. Quelques batteries de côte défendent les abords de Sidney, de Melbourne et d'Adélaïde. Deux torpilleurs sont destinés à la défense de la rade de Sidney. La colonie doit pourvoir à sa défense depuis 1870 ; elle a organisé quelques troupes, surtout au point de vue de la défensive.

La *Tasmanie*, commandée par l'Australie, tomberait avec cette dernière, tandis que son attaque ne mènerait pas à grand'chose. Elle pourrait, en certains cas peu probables, mais pourtant possibles, jouer le rôle avec la Nouvelle-Zélande de réduit de la Confédération australienne.

Sa forme est celle d'un cœur, la pointe tournée au sud et la tête au nord. Les deux côtés, est et ouest, sont bordés chacun d'une chaîne de montagnes parallèle : ce qui rend les communications assez difficiles avec l'intérieur et un débarquement peu probable dans cette direction. La chaîne orientale est moins épaisse, moins difficile, coupée par des brèches plus nombreuses, garnie à ses pieds de ports et d'abris plus fréquents. La chaîne ouest est plus épaisse, plus difficile ; ses défilés sont plus longs, moins praticables ; on n'y trouve guère qu'un bon abri dans le golfe Macquarie. Il se détache non loin de son centre, vers le milieu de l'île, un grand plateau couvert de lacs qui constitue la position centrale de la Tasmanie. Mais ce plateau, à peu près sans communications, sans habitations ne peut, par suite, jouer maintenant un rôle militaire bien important. Son accès le plus facile et le plus décisif semble être du côté du sud-est, pente générale de la masse de la Tasmanie. Dans la partie sud, Hobart-Town paraît le point le plus sensible. C'est la région la plus basse, présentant le plus de ressources avec les communications les plus multipliées, et d'où l'on peut partir le plus aisément, le plus sûrement, pour dominer les obstacles de l'intérieur de l'île.

Les défenses de l'île se réduisent à 4 batteries de côte autour de Hobart-Town, et à une batterie à l'embouchure de la Tamar.

Une voie ferrée unit Hobart-Town à Launceston, sur la côte nord.

Nouvelle-Guinée. — La Nouvelle-Guinée est le trait d'union de l'Australie avec les îles de la Sonde, les Philippines, Formose, Chusan, etc., avec la longue traînée d'îles qui coupe en deux le Pacifique de l'ouest à l'est en se dirigeant vers l'isthme de Panama. Occupée en force par une puissance hostile à l'Angleterre, elle paralyserait singulièrement le développement de l'Australie : développement si nécessaire par suite de la configuration de ce continent.

L'Angleterre vient d'occuper le golfe d'Huon, la Nouvelle-Bretagne et l'archipel de la Louisiane qui dominent son extrémité orientale, la plus en relation avec les centres de forces de l'Australie. Ici, comme à Bornéo, c'est la portion la plus sensible à l'action maritime sur laquelle l'Angleterre agit.

Iles Fidji. — Le nombre des îles Fidji, d'après les uns s'élève à 60 ou 70, d'après d'autres à 200 ou 250. Leur population est de 122,000 habitants. Elles sont situées à 1,800 milles nord-est de Sidney et réparties sur une étendue de 300 milles de l'est à l'ouest et de 240 milles du nord au sud.

Les deux plus grandes : Vanua Levu et Naviti Levu, sont chacune à peu près le septième de l'Irlande.

L'Angleterre considère la possession de ces îles comme de la plus haute importance pour le maintien et la sécurité de sa puissance dans l'Océanie. Elles couvrent le côté faible de l'Australie, contre lequel elles pourraient servir de première base, et, avec les Samoa, elles constituent une grande position centrale dans la traînée d'îles de la Nouvelle-Guinée à Panama. On ne trouve pas de meilleurs ports dans le Pacifique et elles offrent de tels moyens de défense qu'il serait facile de les rendre inexpugnables.

Nouvelle-Zélande. — La Nouvelle-Zélande est une co-

Ionie magnifique qui présente la même superficie que les îles Britanniques. L'île du nord possédait, en 1880, 361 milles de chemin de fer en construction, celle du sud 808 milles.

La Nouvelle-Zélande couvre Sidney au sud, comme les Fidji le couvrent au nord-est. A moins de circonstances exceptionnelles, il semble qu'il serait peu avantageux d'attaquer la Nouvelle-Zélande avant l'Australie, d'autant plus qu'elle offre de puissants moyens de défense. Les positions les plus remarquables sont celles d'Auckland (31,400 habitants), qui domine le nord de l'île septentrionale, de Wellington (21,582 habitants), la capitale sur le détroit de Cook, avec un port vaste et très sûr, de Christchurch (30,000 habitants), à 8 milles de Port-Lyt-telton, de Dunedin (34,674 habitants), au fond de Port-Otago, probablement le point le plus sensible de la colonie.

Il n'a pas été établi de défenses à la Nouvelle-Zélande; seulement quelques forces ont été organisées par la colonie comme en Australie.

Colombie Britannique. — C'est l'avant-poste de l'Australie contre l'action de la Russie ou des États-Unis dans le Pacifique, bien que la colonie ne soit encore qu'à ses débuts et que les grandes lignes de l'échiquier soient à peine dessinées. La défense de la Colombie, à cause de l'énorme distance qui la sépare du Saint-Laurent et des rapports qu'elle a avec les puissances anglaises du Pacifique, réside essentiellement dans la puissance maritime de l'Angleterre. Le magnifique port d'Esquimalt, symétrique de celui d'Halifax, de l'autre côté du Dominion, semble devoir être la base de cette colonie. Dans l'état actuel des choses, l'enlèvement du port d'Esquimalt et de New-Westminster lui porterait un rude coup. Mais la colonie ayant pris son développement complet, il faudra probablement, pour la réduire, détailler l'île de Vancouver avant de pouvoir se porter sur la terre ferme. Cette île de Vancouver, avec sa forme allongée, les profonds bras de mer qui l'échancrent, les îles nombreuses qui bordent son littoral du côté de la terre ferme, se prêterait facilement à l'organisation d'une défensive opiniâtre. Quant à la portion continentale de la Colombie, la directrice de la guerre, la ligne d'où l'on pourra le mieux commander l'ensemble du terrain paraît devoir être la route partant de Waddington-Har et se dirigeant sur le fort George. De ce terrain on rayonne sur toutes les vallées principales de l'ensemble du pays et on se rattache le plus facilement et le plus solidement à l'île de Vancouver et aux montagnes Rocheuses.

L'importance du port d'Esquimalt vient encore de s'accroître de l'ouverture du chemin de fer canadien qui, partant d'Halifax, aboutit à Port-Moody sur le Pacifique. Cette voie ferrée, « *the Queen's Highway from Ocean to Ocean* » ou « *Canadian Pacific Railway* », est destinée à accaparer le transit commercial de l'Océan Pacifique au détriment de nos colonies de l'Indo-Chine, dont les Anglais ont vu dernièrement d'un fort mauvais œil le développement. Quelques chiffres sont nécessaires pour faire saisir toute la valeur militaire et commerciale de cette ligne ferrée comparativement aux autres moyens permettant d'atteindre l'Océan Pacifique :

		Jours.
De Liverpool à Yokohama par la voie américaine (E. U.)		30
— par Suez		55
— par Panama, il faudra		56
— par le chemin canadien.	De Liverpool à Louisburg (au cap Breton)	5 1/2.
	Louisburg à Vancouver	5
	Traversée du Pacifique	10 1/2.
Soit un total de 21 jours.		

La route américaine traverse des chaînes de montagnes plus importantes et plus difficiles; les cols sont beaucoup plus élevés. La route canadienne a de plus l'avantage d'avoir la houille à sa portée: Vancouver avec ses mines est en grande partie le réservoir de houilles de San-Francisco.

D'Angleterre en Australie par Suez, viâ Brindisi, à Adélaïde, Melbourne et Sidney il faut 37, 39 et 49 jours;

Par la ligne américaine; 36 ou 40 jours suivant qu'on aille à Auckland ou Sidney;

Par le *Canadian Pacific Railway* on met 30 à 31 jours pour atteindre Sidney.

Le chemin de fer canadien n'est pas encore tracé jusqu'à Louisburg (cap Breton), il part de Port-Mulgrave (Nouvelle-Écosse), passe à Truro, embranchement d'Halifax, puis à Bathurst, Québec, Montréal, Ottowa, Port-Arthur sur le lac Supérieur, à Winnipeg et à Port-Moody vis-à-vis Vancouver et sur le Fraser.

Le port d'Esquimalt, malgré la voie ferrée qui le relie à l'Angleterre et malgré ses houilles, ne pourrait pas servir de base d'opérations contre Wladivostok, le grand port russe sur le Pacifique. Une attaque directe serait bien difficile et aurait bien peu de chances de succès. L'amiral anglais Sir Michel Seymour propose d'attaquer d'abord Petropaulosk en s'appuyant aux îles Aléou-

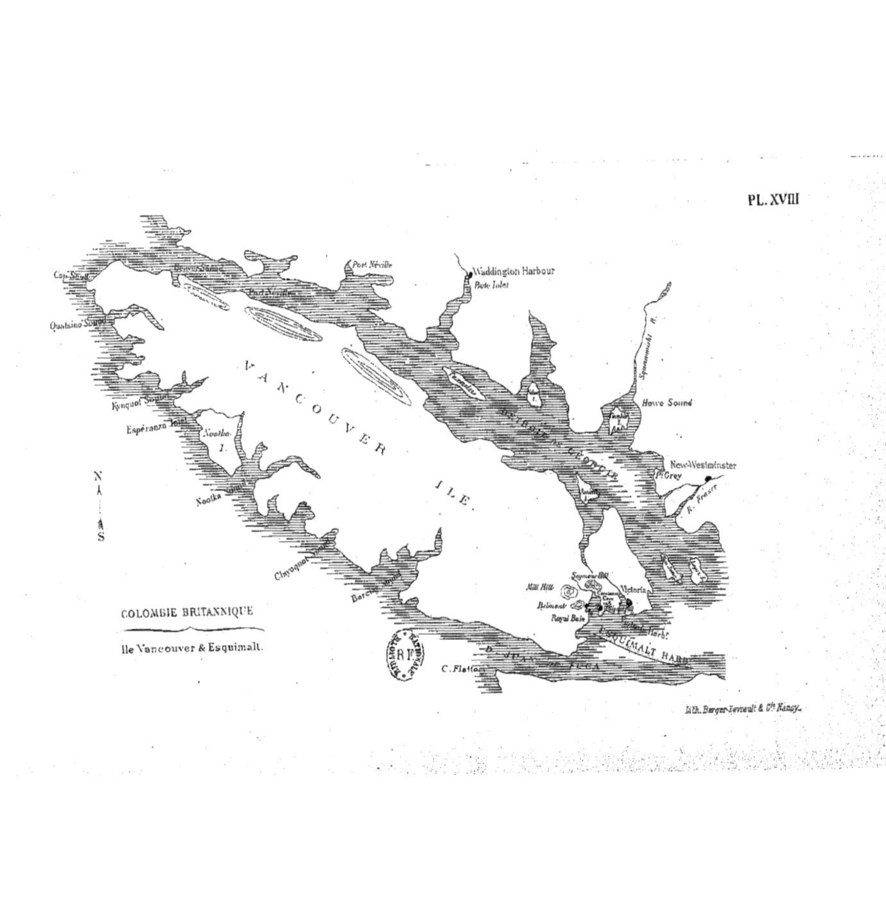

COLOMBIE BRITANNIQUE

Ile Vancouver & Esquimalt.

Lith. Berger-Levrault & Cie Nancy.

tiennes, où l'on peut établir un dépôt de charbon provisoire ; puis, basé sur cette ville, menacer les opérations que les Russes tenteraient sur l'Océan Pacifique par Wladivostok (tiré de *The Queen's Highway*, 1887).

La position de l'Angleterre dans le Pacifique est belle et solide. L'Australie est une base admirable, riche en forces défensives et en forces offensives. Les îles dont est couverte cette partie du Pacifique, permettraient de redoubler indéfiniment les défenses en avant. Les Sandwich commandent la ligne de San-Francisco à la Chine et au Japon et isolent les forces des États-Unis des forces russes. Quelpaert, Chusan, Hong-Kong, Labouan, Bornéo et Singapour couvrent du côté de la Chine et de l'Indo-Chine. La Nouvelle-Guinée, Wallis, qui commande les Samoa, Kermadec, qui réunit la Nouvelle-Zélande à Fidji, les Gallopagos, en face de Panama, complètent géométriquement la domination du Pacifique.

Cette partie de l'échiquier maritime est, il faut le reconnaître, loin d'avoir l'importance qu'ont le bassin oriental de la Méditerranée et la mer des Indes dans les circonstances actuelles. Le nombre des escales françaises, dans cet Océan, est supérieur à celui de l'Angleterre ; mais si dès 1842 nous possédions une série de postes, de points d'appui dans cette mer, nous sommes loin d'avoir une base comparable à celle constituée par l'Australie et des points de relâche aussi bien placés que Singapour, à l'entrée ouest, et que la Jamaïque, les Gallopagos et Vancouver, à l'entrée est du Pacifique.

Telle est, exposée dans son ensemble, la géographie maritime de l'Angleterre. En présence d'une organisation si bien comprise des mers pour s'assurer leur domination et le commandement des terres qu'elles baignent, on peut élever une objection à la durée d'une telle tension de forces.

La ruine et la décadence de l'Espagne ont été amenées par un développement colonial tel qu'elle n'a pu suffire à tout et parce que le chiffre de sa population n'était pas assez élevé pour remplir une si vaste mission.

L'Angleterre, il est vrai, comprend mieux que toute autre nation les exigences que lui impose son vaste empire colonial [1]. Habile à diviser pour régner, elle s'efforce d'affaiblir l'Europe et d'y jeter la discorde. Il y a longtemps que l'Angleterre joue, vis-à-vis de l'Europe continentale, « le triste rôle qui lui a valu le nom de perfide Albion ». Inattaquable dans son île, elle seule n'a jamais eu qu'une politique : ruiner l'Europe pour s'enrichir.

Sans avoir la prétention de prédire l'avenir, on peut

---

1. Ainsi l'Angleterre fournit 1 soldat d'armée régulière pour 10,000 individus, la France en fournit 1 pour 100. — Pour une population coloniale de 206,711,899 habitants répandus sur 1,199,541,504 hectares, elle ne paie sur son budget, pour les services civils de ses colonies, qu'une somme de 1,774,050 fr.; la France, pour une population 100 fois plus faible, répandue sur un territoire 100 fois moins étendu, paie 26,482,614 fr., dépense 100 fois plus considérable... Tandis que nous continuons « à appliquer à des pays essentiellement différents des nôtres, les lois et les règles administratives qui constituent notre système de centralisation gouvernementale », l'Angleterre, aussitôt la colonie arrivée à un certain état de prospérité, développe largement son esprit d'initiative et la dote d'un gouvernement dont les membres sont pris dans la colonie et font leurs lois eux-mêmes.   (RECOING.)

se demander quels pourraient être les débuts probables
et possibles des hostilités.

La Bulgarie et la Turquie donneront prise par leur
maladresse à l'hostilité de leurs ennemis et fourniront
des prétextes à la curée de l'empire ottoman. La Russie
pourrait occuper la Bulgarie; l'Autriche riposterait sans
doute immédiatement par l'occupation de la Serbie et de
Salonique. L'Italie se jetterait sur Tripoli, viserait peut-
être la Syrie. Nous, nous ne pourrions avoir en vue que
cette Syrie; mais la Prusse ne profiterait-elle pas de
l'hostilité de la Russie et de l'Autriche pour nous attaquer? Le mieux pour l'Angleterre serait probablement
de compléter l'occupation et le commandement de la Méditerranée orientale par la prise de Candie, Thasos et
Mételin, peut-être même par celle d'Alexandrette et de
Gallipoli. Elle couvrirait ainsi Suez et l'Égypte, aurait
une position centrale dans la Méditerranée à proximité
de ses alliés probables, l'Italie et l'Autriche. Elle barrerait le déploiement maritime de la Russie, nous empêcherait de nous joindre à cette Russie, peut-être même à
la Turquie et de profiter des ressources que la bonne vo-
lonté de la Grèce pourrait nous offrir.

Cette attitude de l'Angleterre : offensive rigoureuse
dans la Méditerranée orientale et défensive prudente sur
l'Indus, n'est-elle pas à l'heure actuelle la manière d'agir
la plus probable?

En cas de conflagration générale, certains points sont
tellement sous son action maritime, qu'elle n'hésiterait
pas à les occuper si les besoins de sa politique l'exigeaient.

Dans la Méditerranée : Tanger et Djebel-Moussa, qui

dominent Ceuta ; Thasos, qui relierait l'Angleterre à la Bulgarie ; Métclin ou Ténédos, pour commander les Dardanelles et Smyrne. Candie, en cas de partage de l'empire ottoman, dominerait l'Archipel, Salonique et la Grèce, se relierait à Chypre solidement, commanderait la Syrie et Alexandrette, le débouché de l'Arménie dans la Méditerranée, et empêcherait la jonction des forces françaises et russes. En dehors de l'Europe : l'île de Zanzibar pour mieux surveiller la mer des Indes, le golfe Delagoa pour tenir en échec les Boërs et les Portugais, Karek au fond du golfe Persique, Kischm et les îles du détroit d'Ormuz pour travailler les Arabes qui habitent la partie méridionale de la Perse, les îles Chusan, à l'embouchure du Yang-tse-Kiang, peut-être Ternate et Amboine pour rattacher Bornéo et Hong-Kong à l'Australie ; la Tortue, pour relier la Jamaïque aux îles Bahama ; l'île de Roatan, en face du port de Truxillo et la plaine de Honduras joignant la mer des Antilles au golfe de Fonséca sur le Pacifique ; l'île Rapa, qui nous appartient et sert de halte entre Panama et la Nouvelle-Zélande, les îles Sandwich, qui jouent le même rôle entre Esquimalt (Vancouver) et l'Australie, etc.

Ubique, la devise inscrite sur les boutons de l'uniforme de l'artillerie anglaise, est bien celle de la politique anglaise, si féconde en résultats et en moyens de toutes sortes, mais qui ne serait guère possible sans une grande prépondérance maritime.

Tant que les Anglais seront en possession de l'Égypte, tant que les puissances européennes resteront divisées à ce sujet, ce ne sont pas quelques colonies dénuées de ressources qui les inquiéteront beaucoup. Leurs vaisseaux continueront longtemps encore à parcourir en maîtres la grande route des Colonnes d'Hercule aux Indes.

Les seules causes de faiblesse de la puissance britannique résident dans la « désorganisation des anciens partis whigs et torys, qui ont si longtemps guidé dans une voie glorieuse la politique anglaise. Conservateurs, libéraux, radicaux, catholiques, Irlandais forment autant de partis différents et créent de nombreux éléments d'opposition. Leurs coalitions sans cesse renaissantes font pencher la balance tantôt dans un sens, tantôt dans un autre. »

Les Anglais n'ont pas d'armée nationale. Tandis que chez toutes les nations chacun considère comme un honneur et un droit inaliénable d'avoir sa place parmi les défenseurs du pays, pour un Anglais, « se faire soldat est presque une faiblesse ».

La situation brillante de sa flotte marchande, 20.000 bâtiments, est une garantie de paix et empêchera l'Angleterre de s'engager dans une grande guerre sans un intérêt vital.

« Carthage aussi possédait d'incalculables richesses et une marine sans rivale. » Puisse l'Angleterre s'en souvenir et si « le lion britannique enserre le monde de ses griffes et les étend sans cesse vers de nouveaux rivages » (Marga), qu'il craigne un jour ou l'autre d'éveiller trop de jalousies parmi les peuples pauvres qui se battent encore eux-mêmes et considèrent comme un honneur de mourir pour la patrie.

TABLEAU COMPARATIF

DES

FLOTTES DES GRANDES PUISSANCES EUROPÉENNES

Marine anglaise.

Tiré de Weyl, 1887, et de Harper's Monthly Magazine,
par sir Edward Reed (1886-1887).

Le principe admis en Angleterre pour la constitution de la flotte est d'avoir un nombre de bâtiments suffisant pour pouvoir tenir tête à toutes les coalitions. Ce sont les cuirassés qui constituent la force navale, et, malgré les exagérations qui ont eu cours en France sur la valeur des torpilleurs, le gouvernement britannique a continué à mettre sur chantiers des navires blindés et a poussé avec ardeur les travaux commencés.

On peut ranger, suivant sir Edward Reed, les cuirassés anglais en plusieurs classes d'après la plus ou moins grande épaisseur des cuirasses qui recouvrent le bâtiment sur toute sa longueur ou en son milieu seulement.

Vaisseaux de guerre construits ou en construction.

I. — VAISSEAUX AVEC FORTE CUIRASSE.

NOMS.	DÉPLACEMENT en tonnes.	VITESSE en nœuds.	ÉPAISSEUR maxima de la cuirasse.	CANONS les plus lourds en tonnes.
Alexandra	9,490	15	0m,30	25
Belle-Isle	4,830	12 $^1/_4$	0 ,30	25
Conqueror	5,230	15	0 ,30	43
Devastation	9,330	14 $^3/_4$	0 ,30	35
Dreadnought	10,820	14 $^1/_2$	0 ,35	33
Hero	6,200	15	0 ,30	43
Inflexible	11,400	14	0 ,60	80
Neptune	9,170	14 $^1/_2$	0 ,30	38
Orion	4,830	13	0 ,30	25
Rupert	5,410	13 $^1/_2$	0 ,30	18
Superb	9,100	14	0 ,30	18
Thunderer	9,330	13 $^1/_2$	0 ,30	38

II. — VAISSEAUX AVEC LA PARTIE MÉDIANE SEULE CUIRASSÉE.

NOMS.	DÉPLACEMENT en tonnes.	VITESSE. Nœuds.	CUIRASSE. Centimètres.	CANONS. Tonnes.
Hercules.	8,680	$14 \, ^3/_4$	$22 \, ^1/_2$	18
Hotspur.	4,010	$12 \, ^3/_4$	27	25
Sultan.	9,290	14	$22 \, ^1/_2$	18
Téméraire. . . .	8,540	$14 \, ^1/_2$	27	25

III. — VAISSEAUX AVEC UNE CUIRASSE MINCE.

NOMS.	TONNAGE.	VITESSE. Nœuds.	CUIRASSE. Centimètres.	CANONS. Tonnes.
Achilles	9,820	$14 \, ^1/_2$	$11 \, ^1/_2$	12
Azincourt	10,690	15	14	12
Audacious.	6,910	13	20	12
Bellerophon	7,550	$14 \, ^1/_4$	15	12
Black-Prince. . . .	9,210	$13 \, ^3/_4$	$11 \, ^1/_4$	9
Gorgon	8,480	11	$13 \, ^1/_2$	18
Hecate.	8,480	11	$13 \, ^1/_2$	18
Invincible	6,010	14	20	12
Iron-Duke. . . .	6,010	$13 \, ^3/_4$	20	12
Minotaur	10,690	$14 \, ^1/_2$	$13 \, ^1/_2$	12
Monarch.	8,820	15	17	25
Northumberland . .	10,580	14	14	12
Penelope.	4,470	$12 \, ^3/_4$	15	9
Prince-Albert . . .	3,880	$11 \, ^3/_4$	11	12
Swiftsure	6,640	$15 \, ^3/_4$	20	12
Triumph.	6,640	14	20	12
Valiant	6,710	$12 \, ^3/_4$	11	9
Warrior.	9,210	$9 \, ^1/_4$	11	9
Hector.	6,710	$12 \, ^1/_2$	11	9
Hydra.	3,480	$11 \, ^1/_4$	20	18

IV. — VAISSEAUX CUIRASSÉS DANS LES PORTS DE GUERRE.

NOMS.	TONNAGE.	VITESSE. Nœuds.	CUIRASSE (épaisseur). Centimètres.	CANONS. Tonnes.
Ajax	8,490	13	45	38
Agamemnon	8,490	13	45	38
Anson.	10,000	14	45	63
Benbow	10,000	14	45	110
Camperdown. . . .	10,000	14	45	63
Collingwood	9,150	14	45	43
Colossus.	9,150	14	do	43
Edinburgh.	9,150	14	45	43
Howe	9,600	14	45	63
Rodney	9,600	14	45	63
Impérieuse.	7,390	16	25	18

Parmi ces vaisseaux, tous ne sont plus à même de remplir leur mission dans une lutte d'escadre à escadre : 8 seraient à déclasser (*Warrior*, *Black-Prince*, *Achilles*, *Azincourt*, *Bellero-phon*, *Minotaur*, *Northumberland* et *Penelope*) et 4 ne seraient utilisables que comme gardes-côtes (*Glatton*, *Hecate*, *Hector*, *Hydra*.)

A cette liste, il convient d'ajouter 2 vaisseaux qui seront bientôt lancés : le *Sans-Pareil* et le *Victoria* de 10,400 tonnes, avec cuirasse de 45 centim., et 2 vaisseaux : le *Nil* et *Trafalgar* sur chantiers.

L'Angleterre possède 84 croiseurs, dont 5 de 5,000 tonnes avec cuirasse de 25 centim. et construits par entreprise. Ce sont : l'*Aurora*, l'*Australia*, la *Galatea*, *Immortality* et *Narcissus* pouvant filer une vitesse de 18 nœuds. On annonce la mise en chantiers de croiseurs ayant une vitesse de 20 nœuds.

Le gouvernement britannique cherche à constituer une flotte de bâtiments légers à grande vitesse : croiseurs-torpil-leurs, genre Scout, canonnières-torpilleurs et avisos (*Grass-hopper*, *Rattlesnake*, *Spider* et *Sandfly* de 450 tonnes, 200 pieds de long sur 23 de large et doués d'une vitesse de 19 nœuds).

D'après lord Ch. Beresford, les torpilleurs anglais sont au nombre de 68 de toutes classes et de très faible tonnage.

L'armement des vaisseaux anglais n'est pas en rapport avec le matériel naval et on cite de nombreux accidents sur-venus dans le tir. La simple énumération des vaisseaux de guerre anglais ne suffit pas pour donner une idée de ce que serait la véritable force de l'Angleterre au moment d'un con-flit. La plupart des vaisseaux de commerce dotés d'une vitesse de 16 à 17 nœuds ont été admis à compter sur les listes de l'Amirauté anglaise et leurs propriétaires briguent l'honneur de les armer en croiseurs en temps de guerre.

Marine italienne.

Harper's Monthly Magazine, février 1887, par sir Reed,
et *Revue militaire de l'étranger*, juillet 1887.

L'Italie possède une flotte cuirassée respectable, composée de vaisseaux rapides et armés de forts canons.

Elle a fait de nombreux sacrifices pour sa marine dont la valeur matérielle, évaluée à 100 millions en 1876, atteint aujourd'hui 220 millions. Le choix de canons à tir rapide et à longue portée a toujours fortement préoccupé l'opinion et tous ses vaisseaux cuirassés sont armés de plusieurs pièces de 100 tonnes et plus.

La marine italienne se compose de 17 cuirassés de 1re classe, dont 3 en construction, plus 4 de 2e rang, et 14 croiseurs-torpilleurs.

Les torpilleurs se subdivisent en :
- Torpilleurs de haute mer . . 3 et 44 en construction.
- — de 1re classe . . 38 dont 3 en —
- — de 2e — . . 23

10 CUIRASSÉS DE 1ᵉʳ RANG, D'APRÈS SIR REED.

NOMS.	TONNAGE.	VITESSE.	ÉPAISSEUR de cuirasse.	CANONS.
		Nœuds.	Centimètres.	
Duilio	11,140	11.1	55	4 de 101 tonnes.
Dandolo	11,200	11.2	55	—
Italia	13,900	18	47 $^1/_2$	4 de 103 tonnes.
Lepanto	13,550	18	47 $^1/_2$	—
Re-Umberto	13,250	17	47 $^1/_2$	—
Sicilia	13,250	17	47 $^1/_2$	—
Sardegna	13,250	17	47 $^1/_2$	—
Lauria	11,000	16	35	—
Morosini	11,000	16	35	—
Doria	11,000	16	53	—

Comparés aux vaisseaux de même rang de l'Angleterre et de la France, les navires italiens sont d'un plus fort tonnage, ont une vitesse bien plus grande et des canons d'un poids bien supérieur. Si, il y a 30 ans, la flotte n'existait pas même de nom, aujourd'hui elle prend rang parmi celles des grandes puissances maritimes.

Marine allemande.

Le plus grand vaisseau de la marine allemande est le *König-Wilhelm* d'une vitesse de 14 nœuds et protégé par une cuirasse de 30 centimètres.

En avril 1886, la flotte allemande se composait de 13 navires cuirassés à flot dont la *Hansa* a la coque en bois, tandis que les 12 autres sont en fer. Ils sont construits d'après 4 types différents. Les uns, comme le *König-Wilhelm*, sont à batterie centrale, ne permettant que le tir perpendiculaire aux flancs du bâtiment ; les autres, genre *Kaiser* à casemate centrale, peuvent tirer au besoin vers l'avant ou l'arrière. Un 3ᵉ type est celui des vaisseaux à tourelles tournantes, *Friedrich-der-Grosse*. Enfin, les corvettes cuirassées *Sachsen*, *Baiern* forment le 4ᵉ type, d'un faible tirant d'eau, d'un cuirassement puissant et avec une forte artillerie installée de façon à tirer dans toutes les directions.

NOMS.	TONNAGE.	VITESSE.	CUIRASSE.	PRINCIPAUX canons.
		Nœuds.	Centimètres.	
König-Wilhelm. . . .	9,750	13 $^3/_4$	30	18 de 14 tonnes.
Kaiser.	7,550	14 $^1/_4$	25	8 de 18 —
Deutschland	7,750	14 $^1/_2$	25	8 de 18 —
Friedrich-der-Grosse .	6,000	14	25	4 de 18 —
Preussen.	6,600	14	25	6 de 18 —
Baiern.	7,280	14	40	6 de 18 —
Baden.	7,280	14	40	6 de 18 —
Sachsen	7,280	14	40	6 de 18 —
Würtemberg	7,280	14	40	6 de 18 —
Oldenburg	5,200	13 $^1/_2$	30	8 de 18 —
Friedrich-Karl. . . .	6,000	13 $^1/_2$	12 $^1/_4$	16 de 9 —
Kronprinz.	5,480	14 $^1/_4$	12 $^1/_2$	16 de 9 —

La vitesse des croiseurs (*Elisabeth*, *Ariadne*, *Charlotte*, *Loreley*) varie de 16 à 19 nœuds. La marine allemande possède de nombreuses frégates non cuirassées de 2,850 à 3,800 tonnes (*Bismarck*, *Moltke*, *Stein*, *Leipzig*, *Charlotte*, etc.).

Depuis 1878, le gouvernement allemand, sous l'impulsion du général v. Caprivi, chaud partisan des torpilleurs, s'abs-

tient de construire des cuirassés. Il a peu augmenté le
nombre des croiseurs, mais en revanche ses efforts se sont
portés sur un développement très-large donné à la construction des torpilleurs. De 10 à peine qu'il en existait en 1883,
le chiffre s'élevait en 1886 à 150. Cette mesure, tout en mettant les côtes allemandes à l'abri d'un débarquement, ne
suscite pas à l'Allemagne les convoitises des grandes puissances maritimes.

Marine russe.

Les forces navales de la Russie se subdivisent en plusieurs flottes ou flottilles : flottes de la Baltique, de la mer Noire et de la Caspienne et flottille de la Sibérie (côtes de l'Océan Pacifique). Les cuirassés russes, d'ailleurs peu nombreux, sont rapides (15 à 16 nœuds), ont une cuirasse mince et des canons peu puissants. En revanche, la marine russe est remarquable par la quantité de petits torpilleurs qui entrent dans la composition des flottes de la Baltique et de la mer Noire.

SUR LA BALTIQUE.	SUR LA MER NOIRE.
4 de 100 pieds de long.	5 de 100 pieds de long.
74 de 70 pieds.	8 de 70 pieds.
24 de moins de 70 pieds.	6 de moins de 70 pieds.
En construction.	*En construction.*
10 de 100 à 150 pieds.	7 de 100 pieds et au-dessus.
Total : 112.	Total : 26.

Chaque flotte comprend un certain nombre de frégates à batteries ou à tourelles et de monitors cuirassés.

Dernièrement on a lancé sur la mer Noire : la *Catherine II* et le *Chesma*, vaisseaux de 10,000 et 8,600 tonnes et de 45 centim. d'épaisseur de cuirasse. Le *Sinope* (8,600 tonnes) est en construction, 2 cuirassés circulaires, le *Novgorod* et l'*Amiral-Popoff*, ont 45 centim. de cuirasse et sont armés de 2 canons de 40 tonnes.

Sur la Baltique, deux nouveaux cuirassés viennent de sortir de chantier : *Pierre-le-Grand* de 9,340 tonnes, vitesse 14 nœuds, avec 4 canons de 40 tonnes, et l'*Empereur-Alexandre II* de 8,400 tonnes. Cette flotte comprend 8 croiseurs dont 3 en construction.

NOMS.	TONNAGE.	VITESSE.	CUIRASSE.	PRINCIPAUX canons.
		Nœuds.	Centimètres.	
Vladimir-Monomach .	5,800	15.4	17 $\frac{1}{2}$	4 de 9 tonnes.
Dimitry-Donskoï. . .	5,800	16.25	17 $\frac{1}{2}$	3 de 29 —
Admiral-Nachimoff. .	7,780	16	25	8 de 9 —
Alexander-Nevsky . .	7,572	16	25	8 de 9 —
Emperor-Nicholas. . .	8,000	16	25	2 de 40 —

Marine française.

Le type des vaisseaux de 1re ligne cuirassés est la *Dévastation* et le *Foudroyant*. Ces bâtiments sont complètement cuirassés, possèdent une vitesse moyenne de 14 nœuds et une cuirasse de 40 à 50 centim. d'épaisseur.

16 sont de 1re classe et ont tous une cuirasse les protégeant complètement ainsi que le mécanisme des tourelles. Leurs canons exécutent le tir à barbette.

NOMS.	TONNAGE.	VITESSE.	CUIRASSE.	PRINCIPAUX canons.
		Nœuds.	Centimètres.	
Amiral-Baudin.	11,200	15	55	3 de 75 tonnes.
Amiral-Duperré	10,800	11.2	55	4 de 48 —
Dévastation	9,900	14.5	37 1/2	4 de 48 —
Formidable	11,260	15	55	3 de 75 —
Foudroyant, récemment *Courbet.*	9,500	15	37 1/2	4 de 48 —
Hoche.	10,480	14	44	4 de 52 —
Magenta	10,480	14	44	4 de 52 —
Marceau	10,480	14	44	4 de 52 —
Neptune	10,480	14	44	4 de 52 —
Redoutable.	9,030	14.2	35	4 de 28 —
Caïman.	7,200	14	43 1/2	2 de 48 —
Furieux	5,700	12	43 1/2	2 de 75 —
Indomptable.	7,200	14	50	2 de 75 —
Requin.	7,200	14.5	50	2 de 75 —
Terrible	7,200	14	50	2 de 75 —
Tonnant	4,707	10	43 1/2	2 de 48 —

A ces 16 cuirassés de 1re classe, il faut ajouter: l'*Océan,* le *Marengo,* le *Suffren,* le *Richelieu,* le *Colbert,* le *Trident,* d'une cuirasse de 21 à 22 centim., avec 4 canons de 23 tonnes et filant de 13 à 14 nœuds 1/2, plus le *Friedland,* la *Savoie,* la *Revanche,* la *Surveillante* et l'*Héroïne* d'un tonnage de 6,000.

On a arrêté la construction des croiseurs par suite des essais de mélinite. La France en possède 58, d'une vitesse de 12 à 14 nœuds et avec une cuirasse de 25 centim. d'épaisseur au maximum.

Les vaisseaux garde-côtes cuirassés sont au nombre de 9, déplaçant de 3,000 à 5,000 tonnes (*Tonnerre, Vengeur, Fulminant, Tempête, Taureau, Tigre,* etc.).

On s'est lancé dans la construction de croiseurs demi-cuirassés doués d'une grande vitesse. Le type du genre est le *Tage* et la *Cécile* de 7,000 tonnes et d'une vitesse de 19 nœuds, auxquels il faut ajouter le *Milan* et le *Sfax*.

La marine française comprend 128 torpilleurs, dont 68, d'après sir Edward Reed, sont finis et 60 en construction, tandis que l'Angleterre en a 130, dont 79 terminés.

Cet exposé sommaire, qui trace dans leurs grandes lignes la constitution et l'organisation des flottes anglaise, italienne, allemande, russe et française, permet de se rendre compte approximativement de la puissance navale de chacune de ces nations. Il entre trop d'événements imprévus dans un combat naval pour que l'on puisse par une simple énumération des vaisseaux en ligne élever des suppositions sur le résultat d'une lutte en mer.

L'Angleterre possède encore la 1ʳᵉ des marines de guerre ; mais elle ne pourrait lutter à force égale contre une coalition dont la France ferait partie. L'Italie a un grand rôle naval à remplir et possède une flotte cuirassée plus fortement armée et plus rapide que celles de l'Angleterre et de la France. L'Allemagne a une politique navale défensive sans prétention à tenir en pleine mer. La Turquie succombe devant la Russie dont la flotte domine déjà à peu près complètement la mer Noire. La marine française occupe le 2ᵉ rang en Europe et son tonnage militaire est à celui de l'Angleterre comme 2 est à 3. Mais notre escadre compte seulement 4 cuirassés d'un type récent et véritablement de 1ʳᵉ classe, ce sont : l'*Amiral-Duperré*, la *Dévastation*, le *Courbet* et le *Redoutable*. Le *Brennus* et le *Charles-Martel* sont encore sur chantiers. Nos croiseurs sont inférieurs aux croiseurs anglais du type du *Leander* et de la *Mersey* dont l'Angleterre en possède 7 et 4 en construction.

Mais la force navale repose sur d'autres éléments que les instruments de combat seuls, elle se compose aussi du personnel et de la défense des ports et des côtes. Tandis que notre flotte entière et nos croiseurs ne trouveraient dans une grande guerre que des ressources précaires dans notre empire colonial si péniblement constitué, l'Angleterre possède le nerf de la guerre maritime, c'est-à-dire des dépôts de charbon échelonnés en une longue chaîne à travers le monde.

TABLE DES MATIÈRES

Tableau comparatif des flottes des grandes puissances européennes.

TABLE DES CARTES

Nancy. — Imprimerie Berger-Levrault et Cie.

BIBLIOTHÈQUE DU MARIN

THÉORIE DU NAVIRE

PAR

E. GUYOU

CAPITAINE DE FRÉGATE

SUIVI D'UN TRAITÉ DES ÉVOLUTIONS ET ALLURES

Par le contre-amiral MOTTEZ

Un volume in-8° de 418 pages, avec de nombreuses figures. — Prix : 6 fr.

La *Théorie du navire* forme le premier ouvrage d'une collection dont la publication a été entreprise sous le titre de BIBLIOTHÈQUE DU MARIN, et dans laquelle seront traitées toutes les questions offrant un intérêt spécial pour les personnes qui exercent les professions maritimes et plus particulièrement pour les officiers de marine, les ingénieurs, les constructeurs, les mécaniciens, etc., etc.

Les matières qui font l'objet de l'enseignement de l'École navale et de l'École d'application, sauf, bien entendu, les sciences générales, comme l'analyse et la mécanique, la physique et la chimie, auront leur place marquée dans la *Bibliothèque du marin*.

Les volumes seront illustrés chaque fois que des figures ou gravures devront aider à l'intelligence du texte.

Le prix de chaque volume sera fixé selon son importance.

La nomenclature suivante donnera une idée du plan de la collection ; toutefois, cette liste n'est pas définitive et d'autres titres pourront trouver place dans la *Bibliothèque* :

Titres des ouvrages.

Astronomie et navigation.	*Machines marines.*
Hydrographie.	*Artillerie navale.*
Météorologie nautique.	*Histoire de la marine.*
Électricité avec ses applications à la marine.	*Précis d'administration de la marine.*
Théorie du navire.	*Organisation maritime des principales puissances.*
Constructions navales.	

www.ingramcontent.com/pod-product-compliance
Ingram Content Group UK Ltd.
Pitfield, Milton Keynes, MK11 3LW, UK
UKHW020156130726
13696UKWH00002B/536